JN208107

武器としての デーータ 活用術

高校生・大学生・
ビジネスパーソンのための
サバイバルスキル

柏木吉基
Yoshiki Kashiwagi

SE
SHOEISHA

本書内容に関するお問い合わせについて

このたびは翔泳社の書籍をお買い上げいただき、誠にありがとうございます。弊社では、読者の皆様からのお問い合わせに適切に対応させていただくため、以下のガイドラインへのご協力をお願い致しております。下記項目をお読みいただき、手順に従ってお問い合わせください。

●ご質問される前に

弊社 Web サイトの「正誤表」をご参照ください。これまでに判明した正誤や追加情報を掲載しています。

正誤表 https://www.shoeisha.co.jp/book/errata/

●ご質問方法

弊社 Web サイトの「刊行物 Q&A」をご利用ください。

刊行物 Q&A https://www.shoeisha.co.jp/book/qa/

インターネットをご利用でない場合は、FAX または郵便にて、下記 "翔泳社 愛読者サービスセンター" までお問い合わせください。
電話でのご質問は、お受けしておりません。

●回答について

回答は、ご質問いただいた手段によってご返事申し上げます。ご質問の内容によっては、回答に数日ないしはそれ以上の期間を要する場合があります。

●ご質問に際してのご注意

本書の対象を越えるもの、記述個所を特定されないもの、また読者固有の環境に起因するご質問等にはお答えできませんので、予めご了承ください。

●郵便物送付先および FAX 番号

送付先住所　〒 160-0006 東京都新宿区舟町 5
FAX 番号　　03-5362-3818
宛先 (株)　翔泳社 愛読者サービスセンター

※本書に記載された URL 等は予告なく変更される場合があります。
※本書の出版にあたっては正確な記述につとめましたが、著者や出版社などのいずれも、本書の内容に対してなんらかの保証をするものではなく、内容やサンプルに基づくいかなる運用結果に関してもいっさいの責任を負いません。
※本書に掲載されているサンプルプログラムやスクリプト、および実行結果を記した画面イメージなどは、特定の設定に基づいた環境にて再現される一例です。

※本書に記載されている会社名、製品名はそれぞれ各社の商標および登録商標です。
※本書では ™、®、©は割愛しております。

はじめに

「これからはデータ活用の時代だ！」
「ビッグデータ」
「データサイエンス」

などなど。

　一体、これらの言葉を何度耳にしたことでしょう。

　では、それに比べて「私は・我が社の従業員は、データを有効に活用して成果を出している」という話を耳にしたかと言えば、ほとんどない、というのが私の実感です。

　私は「データを武器としたプロの課題解決家」として、民間企業や地方自治体などのクライアントのデータ活用スキル、問題解決力や論理思考力の育成に携わっています。大手をはじめとする対象企業は年間 50 社以上、人数にして、延べ年間 3,000 人以上をサポートしています。

　データややりたいことはあるのにできていない。

　どこへ行っても聞くこの問題（悩み）は一体どこから来るのだろうか……？

　私なりに自分自身の実務経験やサポート経験から、ある程度の見通しや仮説はありました。

　そしてその仮説に沿ってクライアントの実力アップのサポートをさせて頂いてきました。

　大学での授業も担当しており、大学生だけでなく最近では高校生に対しても、データを一つの武器とした問題解決力、論理思考力を教えています。あるとき、高校生の「データ活用プログラム」で「データに基づいた提案

プレゼンテーション」を目にしたときに、私がデータ活用の本質について仮説として抱いていた疑念が、次のような確信に変わりました。

　「ここがネックで、データ活用ができていない。結果として本質的な問題解決や提案に至っていない」

　そのポイントは、私が仮説として抱いていた通り、「統計知識」や「分析方法の知識」とは全く別世界のところにあったのです。

- このグラフやデータからは何が読み取れるのだろうか？
- このデータから示唆を得るためには、どんな分析手法が必要なのだろうか？

　これは、データを活用したいと考える人の多くが、最初に考えるポイントです。

　結論を先に言ってしまえば、これらの問いへの答えを出したところで、目的は達成できません。

　それだけでなく、まずこれらの問いを立てていること自体に問題があります。

　本書では、

　「データを活用したい。その結果として問題を解決したり、相手に説得力がある提案やプレゼンテーションをしたりしたい、と考えているものの、気がつけばデータを加工した表やグラフを眺めながら、一体ここから何が言えるのだろう？ 言ったら良いのだろう？」

と悶々としてしまっている人を救い出すために必要なことをお伝えします。

　その意味で、本書は新たな「データ分析本」や「やさしくわかりやすい統計の本」ではありません。もっと成果に直結する、もっと本質的で価値の高い「データ活用の仕方」について紹介します。

それは、AI やデータサイエンス、高度な機械が目の前に既にある時代に、人が価値を生み出し、生き残るために本当に必要なスキルの一つとして、学生や民間企業のビジネスパーソン、自治体職員などを広く対象とした「データ活用」リテラシーと言えます。これによって、今までの「データの読み方・分析の仕方」への見方やアプローチが大きく変わることでしょう。

　私がサポートしているクライアントも、「これまで統計や分析手法を教えてもらう研修をしていたが、結局誰も実務で使わなかった（使えなかった）し、成果も出なかった」という理由で、私のプログラムに変更頂き、実際に成果を出している企業や団体は少なくありません。「目から鱗」という評価をして頂くことが多いです。

　私が常に目指していることは、分析や統計の精度を 1％でも向上させることではなく、「実務で必要な成果を得るために必要なこと」、「関係者が理解・納得し、具体的なアクションや判断につながる結論を導き出すこと」に尽きます。これらは、日立製作所や日産自動車といった大きな組織での実務経験や、多業種にわたる実務サポートなどを通じた、私のこれまでの経験や活動で常に求められていたこと、大事にしてきたことに他なりません。

　また、私が行っている高校生向けプログラムや大学の授業でも、タイトル上は「ビジネスデータ分析」といったものになっていながら、教えている内容は原則、本書の内容です。これからの時代を生き抜く学生達には、まさにデータ分析手法や統計よりも重要な必須スキルだからです。

　本書を読みながら是非じっくりと「考えて」みてください。本書には正解が書いてありません。本書には、皆さんが自ら「正解」を作り出すために必要な考え方やポイント、アプローチが書かれています。

　データ分析、データ活用ってそういうものなんです。では、行きましょう！

柏木吉基

目 次

第**1**章 ——————————————— 13

これからの時代に求められるデータ「活用」リテラシー
〜なぜ分析方法ではなく活用力が必要なのか〜

第5章 143

世の中「方策君」ばかり
〜全体構成力：ストーリー（論理）を組み立てる力〜

会員特典データのご案内

　本書の追加コンテンツとして、【データ活用のプロセス】【チェックリスト】【記入シート】のセットを PDF 形式で提供しています。
　会員特典データは、以下の Web サイトからダウンロードできます。

◐ー入手方法

① 以下の Web サイトにアクセスしてください。
　 https://www.shoeisha.co.jp/book/present/9784798160467
② 画面に従って、必要事項を入力してください。無料の会員登録が必要です。
③ 表示されるリンクをクリックし、ダウンロードしてください。

●注意
※ 会員特典データのダウンロードには、SHOEISHA iD（翔泳社が運営する無料の会員制度）への会員登録が必要です。詳しくは、Web サイトをご覧ください。
※ 会員特典データに関する権利は著者および株式会社翔泳社が所有しています。許可なく配布したり、Web サイトに転載したりすることはできません。
※ 会員特典データの提供は予告なく終了することがあります。あらかじめご了承ください。

●免責事項
※ 会員特典データの記載内容は、本書執筆時点の内容に基づいています。
※ 会員特典データの提供にあたっては正確な記述につとめましたが、著者や出版社などのいずれも、その内容に対してなんらかの保証をするものではなく、内容やサンプルに基づくいかなる運用結果に関してもいっさいの責任を負いません。

第  章

これからの時代に求められる
データ「活用」リテラシー

〜なぜ分析方法ではなく活用力が必要なのか〜

機械がやる仕事、人がやる仕事

インターネットをベースとしたテクノロジーの発展で、手に入るデータの量や質が格段に高まったことは言うまでもありません。その恩恵を最大限に活かしたいと、多くの企業や自治体が考えるのは当然のことですよね。

そして、今ではそのスキルを社会人になる前の早い段階から身につけたい、身につけさせたいという流れも活発です。具体的には、多くの大学でデータ分析や統計学を学ぶコースが準備されていますし、高校生の授業の中でもデータ分析やデータ活用を目的とした内容を徐々に目にするようになりました。

確かに、こうしたスキルは今、そしてこれからの世の中で必要とされ、活躍するための必須スキルの一つと言えるでしょう。

でもちょっと待ってください。その身につけるべき「中身」について、しっかり考えたことはあるでしょうか。

例えば、

多くのデータの中から何かしらの特徴を読み出す。

これは多くの方が身につけたいと考えるスキルの一つだと思います。ではこのスキルの中身にはどういうものがあるのでしょうか。別な言い方をすれば、この目的を達成するためには何が必要となるのでしょうか。

具体的な答えを考える前に、ここではクライアントから私によく寄せられるお悩みの具体例をお話しします。皆さんにもこのような経験、身に覚えがありませんか？

> 「データを活かして成果を出したいと考える人が、ネットや身の回りで手に入るデータをかき集め、それをグラフや表などに加工し、その結果を眺めては、『そこから何が言えるか』を見い出すことに四苦八苦。気がつくと、いくつもの折れ線グラフや棒グラフ、平均値の表などが目の前に並んでいる」
>
> 「一体ここから何が言えるんだ？」
>
> 「もっと良いやり方はないのかなぁ……」

この悩みを解決しようと、多くの人は目の前のデータの中に答えがあるという前提で「どうすれば、今使っている目の前のデータから情報を引き出せるか」という方法論に着目します。その具体例としてよく挙がるのが、「統計」や「分析手法」、「データサイエンス」などです。

もちろん、これらの知識やスキルがゼロでは何もできないことは明白です。

そこで、多くの人が次のような内容を「データ活用のために学ぶ必要がある」と考えます。

- 統計学の知識

- 分析手法の理屈・やり方

- データの加工や分析作業方法（Excel やツールの使い方を含む）

◖◗ 機械のほうが圧倒的に得意な仕事が 既に世の中にある中で

ではこの中で、人ではなくツールや機械（AI などもその一部と考えます）などに必要なことをプログラミング、入力することで実現できてしまうものはどれでしょう。

おそらく、いずれのケースでも「実現可能」という答えになるのではな

いでしょうか。それと同時に、それらのツールや機械を入手すること、使うことのコストも加速度的に下がってきているのが現状です。そして、この傾向は今後も続くことでしょう。

　例えば、多くの統計知識を正確に理解し記憶することや、正確に大量の計算を高速で実行し表示することなどは、既に人が行うよりも圧倒的に機械のほうが上手です。人は、記憶したことを忘れます。入力ミスをします。計算間違いや勘違いをします。大量のデータや情報を適切に把握することが苦手です。マニュアルで作業を行えば、その分、時間と労力（そして人件費）がかかります。

　ではなぜ、人が機械に対して太刀打ちできないスキルを今から時間とコストをかけて身につける必要があるのでしょうか。その結果、機械に勝る価値を生み出すことはできるのでしょうか。

　私は、この答えは「NO」だと考えています。

　そう考える理由を述べておきましょう。

　世の中では同様のことが既に完了しています。

　例えば、今から駅の改札の切符切りのスキルを学ぼうとするでしょうか。ATM が立ち並ぶ中、銀行窓口でのマニュアル伝票処理のやり方を、今からあえて積極的に学ぶでしょうか。車の運転技術でさえ、近い将来、人があえて身につけるスキルではなくなる可能性があります。

　私は、データ分析の作業スキルや知識そのものは、これらに近いものがあると考えているからです。

◐−重要なのは、これからの自分に必要なスキルを見極めること

　もちろん、機械にどのような情報を記憶させるか（統計理論や分析方法など）や理屈はどういうものなのかといったことに対する理解は、無いよりも有るに越したことはありません。自分が利用するツールの仕組みを知っていることで、機械を適切に使えているかのチェックができるかもし

れません。また逆に、そのツールや機械を開発する人（データサイエンティストや開発者など）にとっては、特に必須の知識だと言えます。

　ただ、このような専門職種ではない、自分の目的や問題に対してデータを活用したいと考えるその他大勢のユーザーであるならば、本当に欠かせない必須のものは何かをよく考え、身につけるべきでしょう。

　つまり、「機械に任せてしまえること」「任せるほうが良いこと」と、「機械ができないこと」「人がすべきこと」を区別し、後者のスキルを身につけて磨き、必要な形で機械を有効活用することで、アウトプットの最大化を目指したい、というのが私の主張です。

◖◗−価値あるアウトプットを導き出すために

　では、「どんどん便利になる機械やツールがあり、その使い方や操作法さえわかれば、あとは『お任せ』で欲しいものが手に入るのか」と言うと、そうでは（残念ながら）ないのです。

　実は、機械やツール（そしてその操作方法の知識）だけあっても成果が出ないことに気づいている人は多くありません。この点が「統計は学んだのに」「分析手法は本や研修で身につけたのに」、仕事などの現場で活かせていない、使えていないという悩みの、主な原因でもあるのです。

　データを最大限に活かし価値あるアウトプットを導き出すためには、機械やツールの操作への理解を深めることとは別に、人が身につけるべき高度で価値あるスキルが必要となるのです。

これからの時代に求められるデータ「活用」リテラシー

統計を学んでも統計を「使える」ようにはならない

　機械やツールの他に、「データ活用」という目的を達成するために何が必要なのか、考えてみましょう。

　ここまで述べた機械やツールを、作業をする「箱」だとします。その箱は、いかに素晴らしい機能を有していても、目的に沿って必要な情報やゴールが与えられていないと有効に動きません。

　「データをもっと活用できるようになりたいのに、現状はできていない」というお悩みを私のところに持ってこられる企業や自治体のクライアント、どうしたら学生にもっとデータ活用リテラシーを身につけさせることができるのかと考えている大学や高校の先生方に、私はこの図1で説明しています。

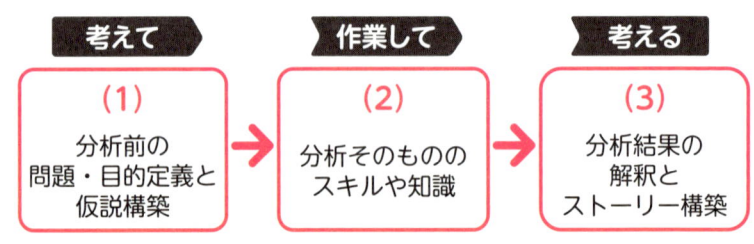

図1：データ活用に必要な三つの箱

　統計知識や分析手法など、機械やツールが得意とする部分が、中央の（2）の箱です。この箱は、その左にある（1）の「分析前の問題・目的定義と仮説構築」という「インプット」によって、初めて有効となります。

　また、（2）によって出てきたアウトプットは、あくまで計算や分析の「結果」に過ぎません。「結果」は、（1）で定めた目的や問題に対する直接の答えにはなりにくく、そのため、相手に伝える際にも理解や納得がされにく

いことになります。

　そこで、その「結果」に目的や問題に沿った解釈を加え、「ストーリー」すなわち結論に置き換えます。これが (3) の作業です。

　私は、この一連のプロセスこそ「データを活用する」ために必要だと説明しています。

◖◗－価値あるスキルとは

　既にお話した通り、多くのクライアントは当初、データ活用ができない理由を (2) のスキルや方法論の不足にあるのでは？ と考えています。

　確かにそれ自体に問題があることも稀にありますが、仮に問題があったとしても、それこそ人が分析作業のスキルを上げるよりも、機械に任せてしまうことで解決できるケースが多いのです。

　その一方、話を聞けば聞くほど、図１の (1) と (3) の欠落、もしくは不適切であったり不十分であったりという問題が、(2) を活かせていない本質であるケースがほとんどなのです。

　つまり、(2) の代表例である統計学やデータ分析手法そのものをさらに積み上げることそれ自体は、お悩みに対する本質的な解決になりません。野球のルールを知っていても、ヒットを打てないのと同じです。代わりに、(1) や (3) で示している統計や分析手法を活かすための「考え方」が必要となります。

　そして、これらは決してマニュアルや教科書に書いてある通りに見よう見まねで試してみたり、機械のスタートボタンをポンっと押したりすることで答えが出てくるものではありません。むしろ、そうでないために難しく、だからこそ (1) や (3) は価値が高いスキルだと言えるのです。まさに生き残りのためのスキルがこれだと、私は確信しています。

◖◗－身につけるべきスキルは何か、再度確認する

さて、先ほどの三つの箱の上にある文字に注目してください。「考える」部分と「作業する」部分を明確に区別していることにお気づきでしょうか。

「作業する」部分がすなわち、機械のほうが圧倒的に、正確かつ速く実現できる内容です。人が価値を生み出すところが「考える」部分、すなわち (1) と (3) に相当します。

あなたは一体、作業者としてのスキル (2) を向上させたいのでしょうか？

それとも、(2) を活かすためのインプットとアウトプットを「考える」スキルである (1) と (3) を向上させたいのでしょうか？

まずは、それをはっきり認識しましょう。

本書では、(1) と (3) のスキルを、価値が高い「データ活用リテラシー」と定義し、深掘りしていきます。

このスキルの具体的な中身やそれを高めるための考え方、テクニックはあとの章で具体的に紹介していきますが、次節ではその前に、それを阻んでいるよくある状況について確認しておきましょう。

皆さんも自己チェックとして確認してみてください。

「まずデータを見る」を止める
〜データの中に答えなんかない〜

　私の研修やワークショップでは、例えば図2のようなグラフが出てき
ます。

　皆さんは、このデータ（グラフ）をどのように活用しようと考えるでしょ
うか？

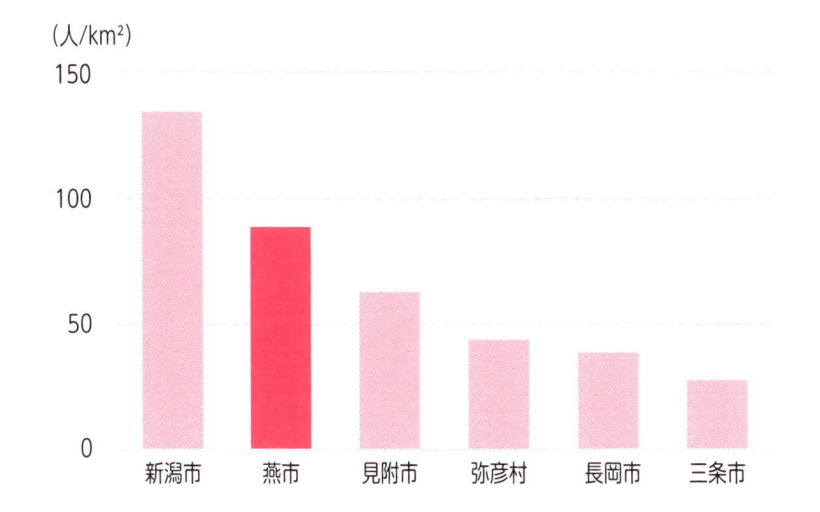

（人/km²）

図2：子供人口密度（年少人口/km²、2015年）
　　　（出典：総務省「人口推計」などの資料より加工）

　参加者からは、このグラフから言えることとして、例えば「燕市の子供
の人口密度は、新潟市よりも小さい」「三条市よりも2倍以上大きい」など
という意見が出ます。

　では、このアプローチで本当にデータを活かすことはできるのでしょう
か。そこから導いた結論が有用な情報をもたらすと感じられるでしょうか。

「データから何が言えるか」だけで、本当にビジネスの現場で勝負できるのでしょうか。

　実際のワークショップでこれを見ながら参加者に考えてもらうのは、

　「このグラフから何が言えますか？」

ではなく、

　「このグラフを作ってみようと思った人は、（グラフ作成の前に）何が言いたかったのでしょう？」

ということです。皆さんは、この二つの問いの意図の違いにお気づきでしょうか？

　前者は「データやグラフ有りき思考」を前提とした質問で、誰かが作ったデータやグラフを読み解くことだけを求めています。ここでは、そもそも自分が知りたいこと（目的）も、その目的に合ったデータの選択も、そのデータの必要な見方も考えられてはいません。

　一方、後者の質問は「目的思考」と言えます。データ作業の前に、そもそも何を言いたいのか（知りたいのか）を考えた上で、必要なデータを用いて必要な作業を行うアプローチです。

　私が目指すデータ活用リテラシーとは、まさにこの後者のことです。

◐－「データを活用できない」人に共通する課題・問題点

　前節に掲載した図1の（1）や（3）の必要性を認識していない、または必要性を理解していても適切に実践できていないという課題を持つ方達には、ある共通点があります。その一つは、「目の前のデータを見てみることから始める」ということです。並んだ数字を見たら、まずはグラフを作ってみる、平均値や合計を出してみる……といった行為に、身に覚えはないでしょうか？

実はそれがあなたを「データを活用できない」人にしているのです。

データ分析を実務で活かせていない人は、

「目の前のデータを適切にいじると、何か有用なものが見えてくるはず。何も見えてこないのは、分析方法や知識が欠如しているからだ」

と思っています。つまり、

データや作業がまず先に有りき

なのです。

ここで、とても重要なことをお伝えしておきましょう。データがあなたに答えを持ってきてくれることはありません。どんなに高度な統計や分析を駆使しようとも、です。

そうではなく、代わりに、

「あなたは何を知りたいのか。それを知って何をしたいのか。そのためには、どんなデータ（指標）が必要なのか」

を具体的に考えることが、とにもかくにもまず必要です。これが、図1の(1)で必要としていることに他なりません。この部分がすっぽり抜けたままデータを眺めたところで、使えないグラフが量産されるだけなのです。

この問題の本質は次の図3で説明できます。仮に「知りたいこと・言いたいこと（目的）」や「解決したいこと（問題）」が明確になったとして、そのために必要な情報の範囲が一番外側の枠で示されるとします。

その目的や問題に関連していそうなデータが目の前にあるとして、思考停止したままそれを使うとどうなるでしょう？

そのデータは真ん中の枠の情報しか持ち合わせていないかもしれません。それでも無理やりそのデータに分析手法や統計手法を当てはめて、何かしらの計算結果を出すこと自体は可能です。ただし、その計算結果を見たあなたが知り得る情報は、一番小さな白い枠に留まります。

この状況がどういうことなのか、少し考えてみましょう。「関連するデータから情報を読み取れた」とは言えるでしょう。しかし、「本質的に必要な情報を網羅的に取得できた」とは言えないはずです。そして、分析した本人であるあなたは、自分が冒しているその問題に気づくこともありません。

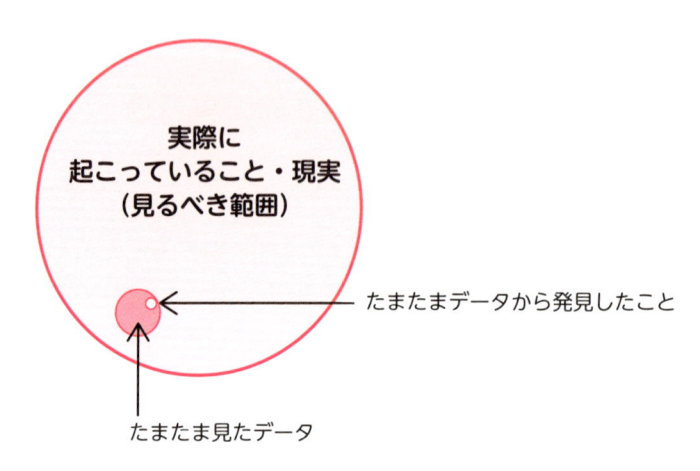

図3：本当にその「データ」の中に答えがあるのですか？

私は研修や講演などで、このことをややセンセーショナルに伝えるために、「データの中に答えなんかない（あると思ってデータを触り始めるから、データをいじくり倒すことに終始してしまう）」と表現しています。

①データを適切に分析すると、課題や目的、結論を提示してくれると思っている（これらは本来分析者自身が思考すべきものである）。

②目の前のデータを適切に加工すると、何か有用なものが見えてくると思っている。
何も見えてこないのは、分析方法の問題と思っている。

図4：よくある問題点

⦿− これからの時代に本当に必要な知識とは

特に高校生や大学生など、これからの時代に価値ある成果を出し、生き残っていくための武器を身につける立場にある人や、それを教えている方々には、「方法論や知識」と「その活用法」のどちらが必要なのか、をまずは確認頂くことが重要だと思います。わかりやすい例で言えば、「グローバルな環境で、必要なコミュニケーションが取れること」が目的の場合に、英単語と詳細な文法だけを学ぶ（教える）ことで目的を達成できるか、という問いと同じです。実際、今の日本ではそれが達成できていないですよね。

最低限の単語と文法は必要ですが、もっと重要なスキルは、それらを使ってコミュニケーションができることです。そのスキルを身につけることは、さらなる単語と文法の追加習得では実現しないのと同じです（もちろん、英文学者やプロの通訳・翻訳家になることがゴールであれば話は別です。プロのデータサイエンティストになりたいのであれば、高度な統計や分析、機械学習、プログラミングなどの習得が必要であるのと同じ解釈です）。

⦿− 本書がお伝えすること

データ分析は目的化されやすい

私が痛感していることです。データやデータ分析は、目的を達成するためのツールに過ぎません。あくまで言いたいことや解決したいことがあって、その上でその目的に対するインフラやツールとしてデータを活用するわけです。インフラやツールが単独で事を成すことはないのです。

読者の皆さんには、「既存のデータの読み方、分析の仕方（データ有りきアプローチ）」のテクニックや高度な方法論ではなく、自分の目的や問題に対して適切なデータを適切に活かして価値あるアウトプットにたどり着くための、考え方とテクニックをご紹介したいと考えています。

これからの時代に求められるデータ「活用」リテラシー

ここまでの内容を元に、是非、皆さんの現状の「データ分析・活用」のレベルを確認してみてください。実務経験がない方は、これまで「データ分析・活用」と聞いてイメージしていたものを当てはめてみてください。

　ここで注意していただきたいのは、決して「レベル1⇒2⇒3」の順にスキルアップするものではないという点です。本章の結論は、「レベル3をすぐに始めましょう」です。

⦿⦿⦿ レベル1 ≒ グラフありき

　何となくテーマに合っていそうなグラフなどをかき集めて、そこから読み取れたことを結論とするものです。自ら問題意識や具体的テーマを持ちづらい高校生などが陥りがちなパターンと言えるでしょう。

　グラフから情報を読み取ること自体は分析と呼ぶにはふさわしくありませんし、複数のグラフを無理やり結びつけただけの結論は論理が破綻します。

結論：これらのグラフからわかることは XXXXXX です。

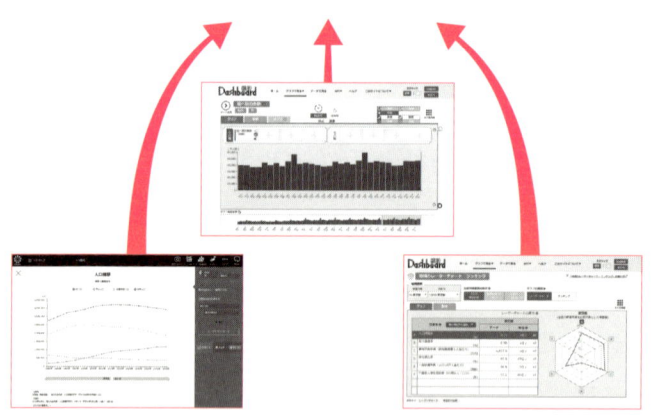

図5：レベル1　既存のグラフや表などを集め、そこから何が言えるのかを考える
（出典：統計ダッシュボード　https://dashboard.e-stat.go.jp
　　　　地域経済分析システム（RESAS）　https://resas.go.jp/）

⬤⬤⬤ レベル2≒データありき

　レベル1との違いは、手元にあるデータを自らグラフなどに加工するステップが入ることです。自分の手による作業が入ることで「分析している」感は出てきますが、そこから得られるものは、レベル1と大差ありません。

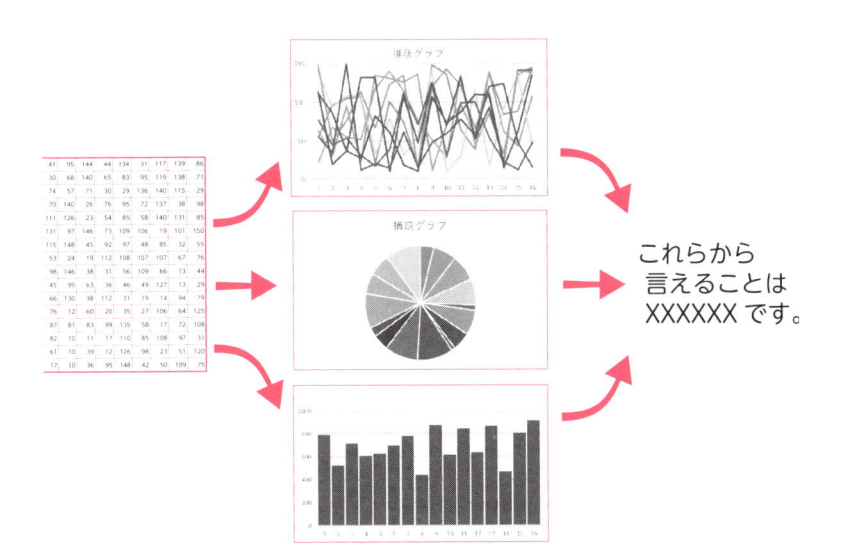

図6：レベル2　既存のデータから何かしらのパターンを読み出そうとする

⬤⬤⬤ レベル3≒目的ありき

　「既存のグラフやデータから何が言えるか」ではなく、あくまで自分の知りたいこと（目的）に沿ったデータで分析を行い、結果を検証し、結論につなげることができるものです。

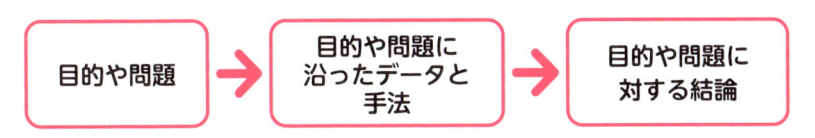

図7：レベル3　目的（知りたいこと）を明確にし、それを検証するためのデータと方法を考える

◯◯◯ 本書で用いるデータ活用のプロセス

　レベル3をすぐに開始するために必要な、データ活用のプロセスが図8です。第2章からはこのプロセスに沿って一緒にスキルを上げていきたいと思います。

　現時点ではプロセスの一つ一つに対する理解は不要です。このような流れで考えるのだな、くらいに捉えておいてください。

図8：データ活用のプロセス

第2章

本当に正しい問題を
正しいデータで解いていますか？

～目的思考力：目的や問題とデータを結びつける力～

データ活用の全てを台無しにする
最大の原因はこの二つにあり！

「データから有効な情報が読み出せない」
「いつもグラフばかり作り上げては悩んでしまう」

　こういった「データをうまく使えない」という問題から、「データから得た」と自分が考えた結論が（多くの場合自分で気づかずに）実は不適切だった、という致命的な問題まで、それらに至る原因は様々です。

　一方で、数多くのクライアントの、データを活用した問題解決に関与している私の肌感覚では、少なくともその問題の 2/3 以上の原因は同じところにあると感じています。

　それは、おそらく多くの人が真っ先に考える「分析のやり方がまずい」という「方法論」の問題ではありません。

　それは、次の二つの主原因で説明ができます。

- 主原因 1：解くべき問題が明確になっていない
　　　　　Are you solving the right problem?

- 主原因 2：定義した問題と使うデータが一致していない
　　　　　Are you using the right data?

　これら二つの主原因の根本には、第 1 章でも述べた「目の前のデータを適切に加工すると、何か有用なものが見えてくると思っている。」という考えが共通して存在します。

　この主原因を突破する（≒データ活用ができるようになる）ために、極

めて大事なポイントなので、再度、念押しします。

図1をご覧ください。

- どこをどうして良いのかわからない人
- データ分析に時間ばかりかかる人

- データから必要な情報を取れる人
- データ分析が効率的な人

図1：データ活用の成否を決する真逆のアプローチ

　PCを起動し、いつも目にしているあのデータを目の前にして最初にすべきことは「このデータ、どうやって分析しよう？」と考えることではありません。それはハウツー（方法論）を考えている状態であり、それは「手段」に過ぎません。

　でも実際、ここから考え始めてしまう（そして、そこでつまずいてしまう）人が後を絶ちません。実はそれが「データ活用」という目的に対して致命的な原因を作っているとも知らずに ……。

　では、この二つの主原因をそれぞれ掘り下げて見ていきましょう。

主原因１：解くべき問題が明確でない (Are you solving the right problem?)

「まず、あなたは自分が何を知りたいのか、わかっていますか？」

　データ分析作業をしている人に横からこの質問を唐突にすると、多くの人がキョトンとした顔をします。
　きっと、「そんなのわかっている！」と多くの人が答えるでしょう。
　でも、本当にそうでしょうか？
　例えば、「我が地域の人口問題にデータで取り組む」というテーマを考えてみます。皆さんがこのテーマにデータを活用して取り組むとなった場合に、まずは何から始めるでしょうか？

データを集めて現状把握をする

　これが一般的に最も多い答えです。では考えてください。そもそも、

「具体的に」人口問題の何を知りたいのですか？
人口問題の何を解決したいのですか？

より具体的な問題定義として、例えば次のようなことが考えられます。

- 人口減少そのものを解決・緩和したい
- 少子高齢化問題を解決・緩和したい

- 人口の流出を防ぎ、流入を促進したい

- 地元産業の衰退を解決・緩和したい

- 様々なサービスの人手不足問題を解決したい

　ここで、「この中のどれが正解なのだろう？」と思ってしまった人は、よく注意する必要があります。どうしてかと言うと、「どこかに絶対的な正解や真理があり、それをどう見つけるか」という思考に支配されているからです。

　これまでの日本の教育においては、この「どこかに絶対的な正解や真理があり、それをどう見つけるか」ということだけがフォーカスされてきたように思います。つまり、正解がどこかに存在していて、それをいかに正確に早く見つけるかというアプローチに重点が置かれてきた、というのが私の思うところです。

　しかし、その思考は、今とこれからの時代には不要とは言わないまでも、それだけでは太刀打ちできない大きな問題を抱えています。

　自分が知っていることや思いついたことだけではなく、広く客観的な主張を理詰めで語るために有効なツール（武器）がデータです。

　絶対的な正解など存在しない中で、いかに自分が考えることをロジカルに客観的に相手に伝え、理解・納得してもらうか。自ら結論に至るストーリーを構築できるスキルが、今とこれからに重要であることは、言うまでもありません。

◖◗ー最初に行う必要があるのは 「目的や問題を定義する」こと

　さて、先の人口問題に戻ります。もしこの問題に対する目的を明確にしないまま作業に突入すると、どうなるでしょう。

　おそらく、何となく人口問題に関係しそうなデータをかき集め、それら

を加工してグラフなどにし、そこから何か（たまたま）見つけたポイント
を列挙して、「データからこんなことが言えそうです」となるのは火を見る
よりも明らかです。

　確かに、グラフから何か読み取れるかもれません。ただ、「こんなことが
言えそうです」と伝えられた相手は、こう思うことでしょう。

　「で、結局何が言いたいの？　それが一番本質的で大事なことなの？（グ
ラフから何が見えたのか、はわかったけど……）」

　では、データ活用をするためのプロセスに立ち戻りましょう。図2に、
第1章の最後に掲載したデータ活用のプロセスを再掲しておきます。

図2：データ活用のプロセス－目的・問題を定義する－

　先ほどの人口問題の進め方では、図中の「D」にいきなり突入してしまっ
ていることがわかります。これでは、大事な「B」や「C」のプロセスが抜

けてしまっています。

　データ活用をする上で必要なことは、最初に「目的や問題を定義する」ことです。つまり一体自分は、

- 何を知りたいのか
- 何を解決したいのか

を明確にするところから始めることです。これらは「わかっているつもり」なことが非常に多いので、あえて意識的に「再度確認する」くらいの意識が必要です。

　なぜなら、多くの場合、表面的に見えている状況や課題（図中の「表面的な現象」に当たる部分）そのものが、あなたが解くべき問題を直接表しているとは限らないからです。先に挙げた例で「我が地域の人口問題」というのも、「人口が減っている」という現象そのものを指しているだけでは、解くべき問題が何かまでは言い得ていない状況です。このまま一体自分が何を解くべきなのか、何を知るべきなのかを明確にせずにスタートを切ってしまっては、先が思いやられます。でも実は、この状況がとても多いのです。

　自分が知っている、見ている、聞いたことがある、経験したことのある直接の対象は、あくまで表面的な現象や事実であり、これから取り組む「問題や目的」と言うにはまだ不十分だということを、いつも意識しておくべきでしょう。

　では、目的や問題を定義する際に、確認すべきポイントを二つ紹介しましょう。

◖◗-ポイント１：使っている言葉は　　　　　具体的で明確ですか？

　先の例で言えば、「人口問題」というテーマであなたが知りたいこと、言

いたいことは何であるのか、これを明確にする必要があります。

　「人口問題」と言うからには、何が問題で、具体的にはどこで誰が何に困って、「問題」となっているのか。ここをはっきりする必要があります。

　その考えなくして、たまたま目の前にあったデータをかき集めてグラフ化することだけで、何か示唆が得られるだろうなどとは、決して期待しないでください。そこから見つかるのは、たまたま集めたデータからたまたま見つけた発見に過ぎません。それらには、何ら論理性も客観性もないことは、既に述べた通りです。

　問題の具体例としては、既に列挙したように少子高齢化問題（それももっと具体化できるかもしれませんね）やサービスの担い手不足による日々の住民の生活の質の劣化かもしれません。そこまで具体的ではなく、単に「人口が減っている」という事実そのものを問題と定義することもありでしょう。

　繰り返しますが、正解などないのです。

　しかし、自分の言いたいことを具体的に定めておくことは、データを活用する上での必須条件です。なぜなら、（主原因2で）後述する通り、どのように問題を定義するかによって、使うべきデータが変わってくるからです。自分の言いたいことが具体的に定まっていない中で作業を進めてしまうと、どのデータを使うかといった個々の問題に影響するだけでなく、そもそもアウトプットとして一番大事な全体のストーリーがあやふやになります。

　これではいくら素晴らしいデータを使って、素晴らしい分析手法を活用しようとも、相手の理解や納得は得られないでしょう。

◉−ポイント2：「問題」「要因」「方策」を　　　　切り分けていますか？

　ここで紹介する内容は第5章で扱う内容とも関連していますが、本章では問題定義におけるポイントとしてお話しします。

問題解決の基本として、

- ■ 「問題」とは何か
- ■ その問題を起こしている「要因」は何か
- ■ その要因に対する「方策」は何か

を切り分けて認識することが大事です。それはどうしてか。先の人口問題の例で考えましょう。

(A) 人口減少そのものを解決・緩和したい

(B) 少子高齢化問題を解決・緩和したい

(C) 人口の流出を防ぎ、流入を促進したい

(D) 地元産業の衰退を解決・緩和したい

(E) 様々なサービスの人手不足問題を解決したい

　仮にここでは、「(A) 人口減少そのものを解決・緩和したい」を解決したい「問題」と定義したとします。すると「(C) 人口の流出を防ぎ、流入を促進したい」は、この (A) という「問題」を引き起こしている「要因」の一つと考えられます（図3）。

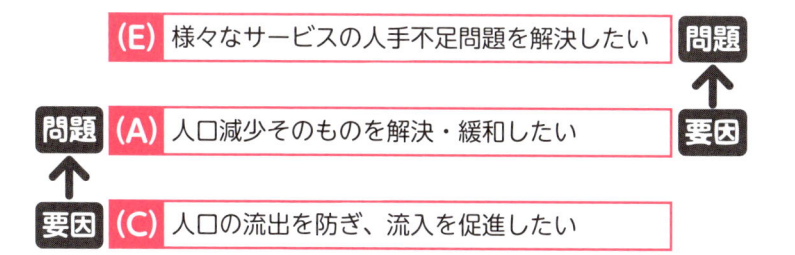

図3：一体何を問題と定義すべきなのか

同様に、もし「(E) 様々なサービスの人手不足問題を解決したい」を「問題」と定めれば、先に「問題」としていた「(A) 人口減少そのものを解決・緩和したい」は、(E) という「問題」の「要因」となり得るのです。

　この理解をしていないまま、もし (C) に関連するデータから「人口流出や流入」についての分析作業を始めた人に、「もしもし、あなた一体そのデータ見て何を結論として言おうとしているの？」と聞くと、おそらくは「人口の流出や流入をデータで見て、流出がどのくらい多いかを可視化しようと思ってます」といった答えが返ってくることでしょう。

　これは、「人口の流出や流入をデータで見て、流出がどのくらい多いかを可視化」は何のためにしようとしているのか、を本人が明確に意識できていない状況です。プレゼンテーションのスライドに、人口流出と流入のグラフが貼りつけられ、スライドタイトルには「年々、人口流出が流入を上回る傾向増！」といったものが示されることでしょう。これでは、

　「で、あなたそれで何が言いたかったの？」「何が深刻な問題で、何が主要因で何が有効な方策なの？」

という、聞き手が一番知りたいことはどこにも示されないというありがちな、かつ是非とも避けたい状態になってしまう危険性が高いのです。

　同様に、「方策」にいきなり飛びついてしまうことも少なくありません。

　そもそも「方策」は表面的な問題に対して対症療法的に行うべきものではありません。「問題」を起こしている「要因」を特定し、その「要因」に対して適切な「方策」を講じるべきなのです（詳しくは第5章で述べます）。

　例えば、「我が地域は人口流出に対する緩和策が十分有効でない」ということを「問題」としたとします。一方、「緩和策」とは、人口流出に対する「方策」の一つだとは考えられないでしょうか。つまり、これは既に「緩和策」という方策ありきの前提で、その方策が有効でないことを問題としています。しかしその方策の「有効でない」状況や現状をデータで示せたとしても、全ての話が「方策ありき」であるため、受け手から、

　「それによって最終的にどんな問題を解決したかったのですか？」

　「方策って人口流出のどんな要因に対して行っていたのですか？」

「その方策以外に必要な方策はなかったのですか？」
といった疑問をぶつけられても、不思議ではありません。

図4：目的・問題定義の際に意識すべき三つの要素

　作業を始める前に、自分が解きたいと考える「問題」や、言いたい「目的」が明確になっていることが必要なのです。

　あなたが掲げたその「ゴール」は、「問題」「要因」「方策」が切り分けられていますか？ そして最終的に言いたいこと、解決したいこと（目的・問題）は十分明確になっているでしょうか？

　この問題は、単純に「問題」「要因」「方策」を切り分ければ良いということではありません。多くのケースで「問題」と本人が定義した中に、いくつもの要素が無意識のまま混在していることも少なくありません。

◎−「問題定義」の事例紹介

　ここで、実際のケースを紹介します。皆さんなら、今からデータを活用して取り組むことを前提として「目的や問題」をどう定義すべきか、このままだとどこに問題がありそうか、ここまでに挙げた視点を総動員して、まずは考えてみてください。

（A） 人材派遣企業による目的・問題定義の例
　「事務職案件が多い会社というイメージがあるため、製造業職のスタッフが集まらない」

「所属していた質の良い派遣スタッフが直接雇用になり、どんどんスタッフが減っている」

(B) IT企業による目的・問題定義の例

「人材不足により、効率的、効果的な営業活動ができていない」
「作業効率化により人員削減をしたい」

(C) 物流企業による目的・問題定義の例

「柔軟な働き方を導入するために必要な内容を提案したい」

　これらも「正解は何か」という見方をしないようにしてください。「これをどう考えるか、整理するか」「相手が納得するには、どういう情報や説明が必要か」という視点で考えてください。

　次に、私がこれらの課題に対して、参加者の皆さんとワークショップの中で行った、ディスカッションの内容の一部をご紹介します。

「(A) 人材派遣企業による目的・問題定義の例」についての議論

> 「事務職案件が多い会社というイメージがあるため、製造業職のスタッフが集まらない」
> 「所属していた質の良い派遣スタッフが直接雇用になり、どんどんスタッフが減っている」

　一つ目の定義には「製造業職のスタッフが集まらない」という「問題」と、「事務職案件が多い会社というイメージがあるため」という問題に対する「要因」が混在していますね。せっかくこれからデータという客観的な情報を使って「問題」の「要因」を特定し、その方策を練ろうとしている

にもかかわらず、スタートを切る前の段階から、主観でしかない自分の想定（事務職案件が多い会社というイメージがあるため）で要因を決めつけてしまって良いものでしょうか。これでは、「データを活かす」土台を自ら壊してしまっています。

　さらに一歩踏み込むと、「製造業職のスタッフが集まらない」ことによって、具体的にどんな問題が起こっているかを示すほうが、問題をより明確に提示できはしないでしょうか。例えば、「製造業職のスタッフの求人が多いにもかかわらず、その需要に見合うスタッフが集まらないことで大きな機会損失がある」ことを「問題」と捉えたらどうでしょう。

　その場合、製造業職のスタッフの求人数と、自社が抱える派遣スタッフの人数との対比を他の業界と比べて示せば、見せられた人は「なるほど！それは問題ですね！」となるかもしれません。

　では、二つ目の定義はどうでしょう。「どんどんスタッフが減っている」というのは（表面的な現象）でしかありません。その目に映る現象によって何に困っているのか、何が「問題」となっているのかが明確でないと、相手には伝わりません。このままだと、「スタッフ数」の推移をグラフ化して、「ほら、右肩下がりなので問題ですよね」といった結論になりがちです。それは現象（事実）をデータで可視化したに過ぎず、「で、何がどのくらい深刻に問題なの？」という相手に伝えるべきポイントを示すことができていません。

◯◯◯ 「(B) IT企業による目的・問題定義の例」についての議論

> 「人材不足により、効率的、効果的な営業活動ができていない」
> 「作業効率化により人員削減をしたい」

　一つ目の定義として挙がった「効率的、効果的な営業活動ができていない」ことを「問題」とした場合、同じ問題定義の中に、既に「人材不足」と

いう「要因」が混在しています。しかもその要因が、この時点では「想定」や「仮説」に過ぎません。それが仮説であることを本人が明確に意識していて、それ以外にも要因があり得るので調べてみるつもりであれば、さほど問題にはならないかもしれません。しかし、そういうケースに遭遇するのは稀でしょう。

また、この「問題」とは一体何でしょう？「効率的、効果的な営業活動ができていない」ことが最終的な困りごとなのでしょうか？

「効率的、効果的な営業活動ができていない」ことによって、一体何が困っているのかがわからないと、相手には何がどのくらい問題なのかは伝わりません。

仮に、最終的に「受注件数が減ってきている」ことを「問題」とすれば、「効率的、効果的な営業活動ができていない」ことは、その「問題」の想定「要因」の一つに過ぎないことになります。さらには、「効率的、効果的な営業活動ができていない」ことは、何かの「要因」を解決するための「方策」を言っているのかもしれませんね（図 5）。

つまり、「問題」は「受注件数が減っていること」、その「要因」が「顧客アプローチの不足」であり、その要因に対する「方策」が「効率的、効果的な営業活動」という構図が成立するかもしれません。どれが正しいということではなく、まずは自分の頭の中で、この三つの関係を整理、認識した上で、何を「問題」として置くか、何に対してデータを活用するのかを決めていく必要があるのです。

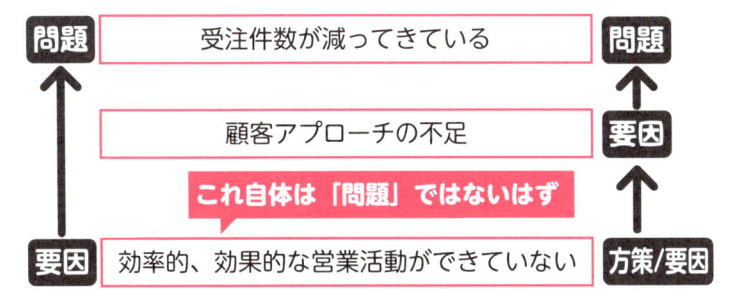

図 5：(B) IT 企業による目的・問題定義の例①

　二つ目の定義である「作業効率化により人員削減をしたい」についても、これまでの議論と同じことが言えます。「作業効率化」は「人員削減」という「目的」に対する「方策」ですね。方策を提示すること自体が問題なのではなく、目的・問題定義の時点で決め打ちしてしまっていることにリスクがあります（図 6）。

　人員削減の実現手段は、決して「作業効率化」だけではないはずです。もし課題解決的なアプローチを取るのであれば、「人員削減が思うように進んでいない」を「問題」とし、その「要因」として XXXX や XXXX や XXXX があり、その一つの要因に対する「方策」として「作業効率化」があるといった流れが理解しやすそうです。

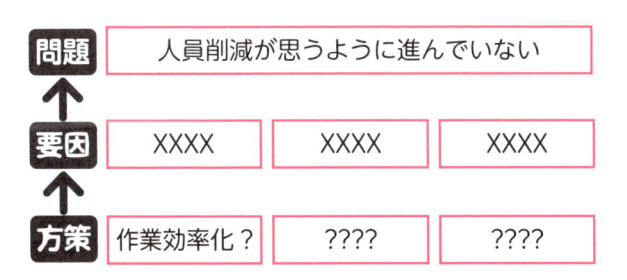

図 6：(B) IT 企業による目的・問題定義の例②

他には「人員削減」を「目的」と置き、その有効な「方策」案を複数提示し（その中の一つが「作業効率化」）、その効果と妥当性などをデータで示すこともできるかもしれません。

問題定義の時点で具体的な「要因」や「方策」が特定できているわけではありません（それはデータを使って、あとでやることです）。仮説や想定として持っておくこと自体は良いことだと思いますが、問題定義の中に思い込みを混在させ、整理できていない状態は避けたいところです。

◖◗◗ 「（C）物流企業による目的・問題定義例」についての議論

> 「柔軟な働き方を導入するために必要な内容を提案したい」

皆さんは、この定義についてはどう思われますか？「柔軟な働き方を導入するために」という目的が示されており、一見、良さそうに見えますね。

では、もしこのままデータを使う作業に進んだとすると、どのような問題に直面すると思いますか？

いつでも出社、退社できる制度を導入した企業の業績のデータ、リモートワークを活用しているIT企業のデータなどが並ぶかもしれません。それとも、一度引退した高齢者や様々なバックグラウンドを持つ多様な従業員からなる組織での制度の導入事例や、それらの効果をデータで示せば良いのでしょうか。

もうおわかりですよね。「柔軟な働き方」とは一体何を指しているのでしょうか？

ここが曖昧なまま、一方で極めて「具体的」なデータを活用することは難しいはずです。「柔軟な働き方」には、時間の柔軟性、働く場所の柔軟性、採用する従業員の柔軟性、立場や評価制度の柔軟性など、様々なことが考えられます。それぞれの定義によって、使うデータも掘り下げるポイントも全く異なります。

おそらく、この定義をした人の頭の中には、ある程度の具体的なイメージがあったのかもしれません。それを「柔軟な働き方」と表現したのではないでしょうか。でもだからこそ、本人がよほど意識していない限り表に出にくく、気づきにくい問題なのです。

「具体的なデータを使って、相手に伝える」というゴールを考えると、言葉の具体性がいかに大切かわかりますね。

◐◐◐ 演習問題とフィードバックの例

では、私がデータ分析活用の研修などでよく使う、演習問題を考えてみましょう。

> 半年前から施設全体の利用者数が急激に下がってよくありません。
>
> インターネットで利用促進のためのプロモーションを積極的にやっているのですが、どうもこれが効いていないようです。
>
> あと、エリア北部の施設が南部の施設よりも状況が悪いですね。
>
> 利用する人数も減っているので、収入も落ちています。

まずはこの内容を読んで、考えてみてください。データを活用して取り組むべき「問題」とは一体何でしょうか。

演習の中では、次のような答えがよく出てきます。

(A) プロモーションの効果に問題がある

(B) 北部の施設がなぜ南部より悪いのかの原因を探る必要がある

(C) 収入の減少が問題である

(D) プロモーションの内容を具体的に精査する必要がある

(E) 利用者数の減少が問題である

皆さんはそれぞれの回答をどう考えるでしょうか。私はこういうフィードバックをしています。

(A) プロモーションの効果に問題がある

　確かにプロモーションの効果には問題がありそうですね。でもプロモーションの効果がないことで一体どんな問題が起こっているのでしょう？

　それが解決すべき「問題」であって、プロモーションの効果自体はその「要因」と言えるのではないでしょうか？

(B) 北部の施設がなぜ南部より悪いのかの要因を探る必要がある

　最終的にはこの要因を深掘りすることに作業として行き着くかもしれませんね。でも、仮に南北の違いを生んでいる要因がわかったとして、その結果、最終的に何を解決したいのか明確になっていますか？

　この要因を知ること自体が「目的」や「問題」にはなり得ないですよね。これ自体はまだ途中経過、方法論と言うこともできるのではないでしょうか。

(C) 収入の減少が問題である

　最終的に解決すべき問題として、良い視点だと思います。ただし、言葉の定義は十分具体的でしょうか。「収入」とは一体何のことですか？

　「売上額」、それとも「利益」？

　さらに言えば「利益額」のことなのか、「売上高利益率」のことなのでしょうか。これらは細か過ぎる指摘だと感じますか。もしこのあと、この問題をデータで示してくださいと言われたときに、どのデータを使えば良いか迷いませんか？

（D）プロモーションの内容を具体的に精査する必要がある

「精査する」は「方策」のことですね。その「方策」で一体何の「要因」を解決しようとしているのか、その「要因」は何の「問題」に対してなのか、の構図が整理できていますか？

（E）利用者数の減少が問題である

利用者数自体を、意図的に「問題」とすることはありだと思います。ただし、その意図があることが大前提です。もし最終的に解決したいことが例えば「利益額の減少」だとすれば、「利用者数の減少」は問題に対する「要因」ということになります。どちらを「問題」と考えますか？

いかがでしょうか。一見単純に見える内容でも、とても奥が深いことを実感頂けたのではないでしょうか。

「データを十分に活用して情報を効果的に引き出せない」「データ分析がうまくできない」といったお悩みも、その原因が分析手法や統計にあるのではなく、そもそもの大元の部分で、このような不十分・不適切な問題定義から発生しているケースは決して少なくないのです。

一方、このポイントは決してデータ活用やデータ分析に限ったことではありません。一般的な問題解決や論理思考など必ずしもデータを使わないケースであっても、本質として必要となってきます。

問題に取り組む際のキーワードとして、次の問いを意識して自分に問いかけてみてください。

自分は正しい問題を解いているだろうか？

英語で言えば、Are you solving the right problem? です。

主原因 2：定義した問題と使うデータが一致していない（Are you using the right data?）

　では、目的や問題がしっかりと定義できたとしましょう。ここからは「データ」の出番です。定義された目的や問題に対して、どのようなデータや指標を使えば良いのか、を考えます。図中プロセスの C に移行します。

図 7：データ活用のプロセス－指標を特定する－

ところがここで、使っている指標と、知りたい・言いたい目的や問題とが論理的に一致していない、という問題が頻発します。これがデータを活用できていない主原因の二つ目です。

　一体どういうことでしょうか？

◐- 事例で考える「指標の不一致」問題：脇町高等学校での例

　私がサポートしている徳島県美馬市にある名門脇町高等学校（スーパーサイエンスハイスクールに指定されています）で高校生に向けて行った「データ活用ワークショップ」での、実際のケースで見てみましょう。

　ここでは、我が街の「地域振興」や「課題解決」をテーマにデータを駆使して高校生チームが取り組んでいます。皆さんは次のようなアウトプットから何を読み解きますか？

　あくまでワークショップの初期の段階のケースであるため、生徒もまだ深く問題を捉え切れていない状況であり、この段階では改善点が比較的多く見つかります。それでも、これだけのことができるこの生徒達はかなりレベルの高いスキルを持っていると言えるでしょう。

　高校生の段階からこのような取り組みにチャレンジし、まずはデータを使ってアウトプットを形にできる機会がある事実は素晴らしいことです。あとはこのような訓練を繰り返すことで、きっと卒業時には素晴らしいデータ活用リテラシーを身につけていることでしょう。

- 純流入（流入 − 流出）の人口の内、徳島県へと就職する純流入の人口は毎年安定していない。
- 基本的には全国平均を下回っている。
- いったん下がると数値を取り戻すことが難しいように見受けられる。

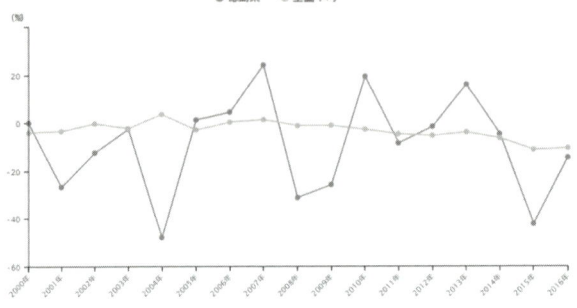

図8：アウトプット A（グラフは RESAS より）

問題点　　　年金財政が安定しない
　　　　　　　　　↓
　　　　　　若者の正社員が減少

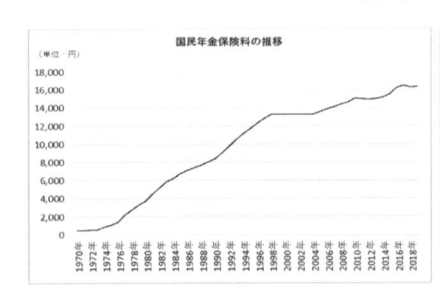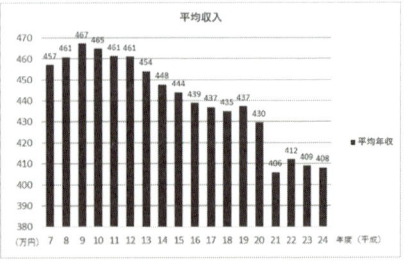

図9：アウトプット B（生徒のアウトプットを元に編集部にて一部加工）
　　　（出典：日本年金機構「国民年金保険料の変遷」
　　　　　　　国税庁「民間給与実態統計調査結果について」）

農業の後継者不足

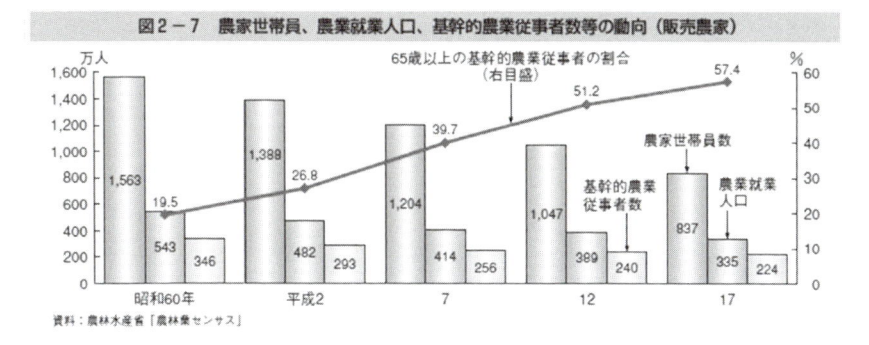

図10：アウトプットC
　　　（出典：農林水産省「平成18年度　食料・農業・農村白書」）

　では皆さんはこれらのアウトプットに対して、メッセージ（結論）と使われているデータとの一致という観点で、どのような改善点を見い出すことができるでしょうか。

　いくつか考えるべきポイントが浮かび上がります。

⚫⚫⚫ データありき？ 目的ありき？〜アウトプット A 〜

　いずれのアウトプットも、（準備や検討の時間が十分でなかったのかもしれませんが）既存のデータやグラフを用いています。まずは関連しそうなデータを集め、そこから言えそうなことと、スライド上部にあるメッセージ（結論）とを結びつけようとしています。ここでは、そのメッセージ（結論）が、ここまでお話してきた「目的」や「問題」に相当します。特に学生の場合、「データ分析」というと「どこかから既存のグラフや表を集めてきて、そこから言えることを述べる」というアプローチを取ることがほとんどです。データ活用を学んだことがないと、こういう発想になりがちです。本来はそれらが先に決まっていて、そのためのデータが示されるべきだと、私はここまでにお話ししてきました。

本当に正しい問題を正しいデータで解いていますか？

先に「データありき」であると、アウトプットＡのように単純に「データから何が言えるか」だけが列挙されることになりかねません。「データを見て、そこから問題を探り出す」というアプローチもありますが、何を問題として捉え、最終的にどうしたいのかといった考えがないまま、やみくもにデータをこねくり回し、そこからたまたま言えたことを「問題」とすることに、どれだけの客観性と論理性があるかは疑問です。

ここまでの論点の通り、これは有効で論理的なデータ活用とは呼べません。データありきでスタートすると、結果的にこのスライドのようなアウトプットになってしまうか、強引にデータと自分の結論とをこじつけたアウトプットとなることが多いのです。このスライドを見ても、「結局言いたいこと（結論）は何なのか」が受け手には見えてこないですよね。

🔴 目的や課題、結論とデータは合っているか？
　　〜アウトプットＢ〜

次に、結論とデータが合っているかどうか、という視点でアウトプットＢとＣを具体的に見ていきます。まず、アウトプットＢについて見ていきましょう。

「年金財政が安定しない」ことを「問題」と定義しているようです。気になるのは、「問題」の「要因」と思われる「若者の正社員が減少」に矢印が伸びていることです。それらが「問題」とその「要因」の関係であれば、本来は因果関係を示す矢印の向きは逆のはずです。

それはさておき、定義した「問題」と示されたデータ・指標は一致しているでしょうか。

まずは「年金財政」について見てみましょう。これを直接示す指標は見当たりません。おそらくは、分析者が「国民年金保険料」を「年金財政」と（勝手に）置き換えて示したと思われます。また「平均収入」の推移も、「年収が下がり⇒税収が減り⇒年金財政が悪化」というシナリオを分析者が自分の頭の中で（勝手に）作り上げてしまっているようです。全体として言いたいことは何となくわかるので、その根拠を提示するところでつまずい

てしまってはもったいないですね。

　せっかく個別のデータは正しく客観的なものであっても、全体のストーリーのつなぎ目を主観と想定で作り上げてしまっては、そのデータの客観性、説得力を活かし切れていないことになってしまいます。

　アウトプットBのもう一つの着目点は「安定しないこと」です。仮に「国民年金保険料」のグラフで、この「安定しないこと」を示そうとしていると考えると、結論とグラフが一致しません。結論では「安定しない」ことを、一方、グラフでは「上昇している」ことを示しているからです。

　「安定していないこと」と「上昇していること」は全くの別物です。つまり、このアウトプットからは、分析者の（主観的）シナリオを想定することはできても、データや指標によって納得させられることはないでしょう。

　個別の言葉の揚げ足取りをしているわけではありません。データという客観的、具体的なものを活用するからには、こだわり抜き、押さえるべきポイントだと言えます。

◯◯◯ 言葉が適切かどうか〜アウトプットC〜

　こちらも既存の資料を使っているため、結論である「農業の後継者不足」という「問題」に関連していそうだと想定はできても、直接は関係のない指標も載せられています。ここには目をつぶるとして、結論と指標との関係性はどうでしょうか。

　グラフからは、農業従事者の高齢化が進み、従事者の人数が年々減ってきていることが読み取れますね。もし、この結論が「農業の後継者の『減少』」であれば、多少読み手や伝え手の想定や解釈が加わるリスクがあっても、ギリギリありかもしれません。ただ、ここでの結論は「不足」であって、「減少」ではありません。「不足」と「減少」とは全く別物です。「不足」とは、需要に対して供給が足りていない状況であって、増えているか減っているかとは直接関係がありません。

　供給（ここでは農業従事者数）がたとえ減っていても、需要（ここでは農業に必要な人手の数）が満たされていれば、それは「不足」していると

は言えません。もし本当に最終的に自分が言いたいことが「不足」であれば、需要と供給、両者のデータを示して論じることが必要です。

　データ活用初心者の高校生向けに、厳しいことを言っているでしょうか。そうかもしれません。でもこれをクリアしなければ、この先もずっとデータ活用なんてできることはないでしょう。

　アウトプットＡ〜Ｃのいずれのケースにも以下の共通の傾向があります。

(1) 既成のグラフがまず有りき⇒言えることを考える（問題とするテーマを自ら持つことが難しい高校生などは陥りがちです）

(2) 上記（1）の思考プロセスの中で、主観的な解釈が過剰に入る

　このような内容を説明すると、高校生であっても（おそらく中学生でも）その内容を理解できます。要は、このような指摘を受けて学ぶ機会をいつ得るか、というだけの問題だと私は考えています（そして一般的な教育課程の中で、その機会がほとんど皆無であることも残念に思います）。

　これを理解すれば、次には少なくとも「結論と使う指標の一致」を考えてみる時間を取ることでしょう。完璧にできなくとも、この思考ステップを自ら挟むようになることがスキルアップにつながるのです。

◖◗ー事例で考える「指標の不一致」問題：横浜国立大学での例

　横浜国立大学での私の授業でも、このスキル育成に力を入れています。例えば次のようなテーマに対して、90分丸々議論します。

■ キャンパス内にある学食の一つである第 1 食堂の質を評価したい

　これを目的とする場合、どのような指標を集めれば良いでしょうか。こ

こまで学んだ順番で考えます。

言葉の定義は明確で具体的か

　ここで言う「質」って何でしょう？ このままだと、例えば「味」「値段」「立地」「清潔さ」「メニューの豊富さ」などいくつもの解釈ができてしまいます。ということは、このまま放置してはいけません。では、皆さんはどのように定義されますか？

　ここにも正解はありません。説得力を持たせるために、どうすれば合理的に示すことができるかを考えます。

　まず、このテーマの背景には「学食」という前提があります。決してお金に余裕があるわけではない一般の学生にとって、「値段」が優先項目として挙がってくるのが自然ではないでしょうか。また、昼休みの1時間は多くの学生にとって貴重です。ところが、授業を受けている校舎と食堂の距離が離れていれば、校舎と食堂を往復するだけで時間がかかるばかりか、食堂に遅れて到着することで長い待ち行列の最後尾に並ぶ羽目にもなりかねません。「立地」は、学生にとっては重要項目となり得ます。

　このように、「何となく」ではなく、論理的な説明の元に使うべき指標を特定していきます。必ずしも指標を一つだけに絞らなくてはならない、ということもありません。必要であれば複数の指標で「質」を示すことで、より立体感のある評価結果を出せるかもしれません。

　「何となく」でよく使われている耳慣れた世の中の言葉には、特に注意が必要です。例えば「生産性」がその典型的な例でしょう。この生産性、わかっているようで実はよくわかっていないまま、流されて使っていることが多くはないでしょうか。

結論（目的や問題）と使うデータは一致しているか

　先に挙げた校舎と学食の「距離」を評価するには、どのような指標が使えるでしょうか。「メートル」「キロ」といった指標だけでなく、徒歩によ

本当に正しい問題を正しいデータで解いていますか？

る「時間」という指標も、候補に挙げることができるでしょう。

　さらに、「メニューの豊富さ」についてはどうでしょう。この場合、「豊富さ」の具体化が必要かもしれません。豊富さを単に種類の数と捉えるのであれば使う指標は食品の種類の数で示すでしょうし、季節や曜日ごとにメニューが「変わる」ことを豊富さと呼ぶのであれば、メニューの変更頻度などが指標として登場しても良いでしょう。

　いずれにせよ、どの指標を使うかについての考えが豊富なほど、最も適切で入手しやすい指標を選ぶことができるのです。

　この授業では、「出た結果をどう効果的に見せるべきか」ということも考えます。

　結論を導き出すプロセスと見せる順番には、一般論として図11のような違いがあります。これを意識せずに、作業プロセスをそのままプレゼンしてしまうケースが少なくありません。せっかく素晴らしい内容の検討ができたにもかかわらず、見せ方の工夫がないばかりにその価値を自ら落としてしまうのは、もったいないですよね。

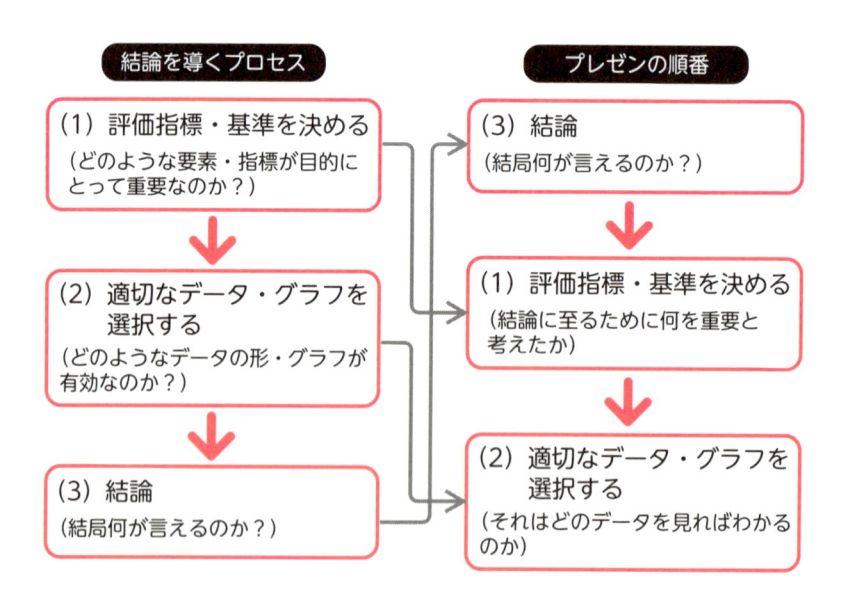

図11：結論を導き出すプロセスと見せる順番

ビジネスの現場での事例

　ここまで、高校生⇒大学生とレベルアップしながら事例を見てきました。ここではさらにその上を考えます。

　一般的なテーマや結論を扱うことが多い高校性や大学生と異なり、ビジネスパーソンや行政機関、自治体に関係した方達は、より難易度が高く具体的なテーマに直面することが多いです。私がこれまでサポートさせて頂いたケースを例に、考えてみましょう。

◯◯－社外とのつながりに関する問題の例

　事例1〜事例5は、顧客対応の改善やプロモーションの効果など、顧客などの外部とのつながりにおいてよく見られるケースです。

◯◯◯ 事例1

結論：顧客からのクレームに対する改善ができていない
指標：クレーム数

　まず、結論として示したいこと、問題が明確になっているかを確認しましょう。この事例1は、表現だけを見れば特に問題ないように思えます。

　では、これを問題として挙げた人の状況を考えてみましょう。果たして解くべき「問題」は、「改善ができていないこと」なのでしょうか。

　指標に「クレーム数」を挙げているということは、改善ができていない「問題」に対する「要因」を「クレーム数によるもの」と決めつけてしまっている可能性があります。

　まず、本人の認識として、この「問題」は「改善できていないこと」な

のか、「クレームが多いこと」なのかを明確にすべきでしょう。「改善できていない」問題を直接的に示す指標としては、クレーム数に対する改善数（率）などが適切かもしれません。

　その「要因」を考えたときに、クレーム数や対応の人数や効率などに関する指標が登場してくるはずです。

◖◖◗ 事例 2

結論：広告への反響が少ない
指標：問い合わせ数

　ここまでの内容を理解された皆さんなら、もうお気づきですね。「広告への反響」の中身を、もう少し具体的に定義しておきたいところです。確かに、指標として挙げた問い合わせ数は、反響の一部を示すと考えられます。
　ただ、問い合わせが多ければ良くて（反響が多くて）、少なければ悪い（反響が少ない）という評価が適切なのかどうかは、よく考えるべきでしょう。例えば、問い合わせが多くても、その問い合わせは広告内容の不明瞭さによるもので、反響を示すものとは別かもしれないからです。

◖◖◗ 事例 3

結論：求人募集が 1 社に頼り切りになってしまっている
指標：？？？

　解くべき問題は何か、どう定義すれば良いでしょうか？　確かに目の前の（表面的な現象）として、「1 社に頼り切り」になっているのでしょう。では、それによって何に困っていて、解きたい「問題」は何なのか、このままでは不明確ですね。そのせいか、ここで「ではどんな指標を使ってスタートしますか？」と問われても、アイデアが出てきません。「1 社に頼り切りという状況」をどうデータで示すか、という問いに直接答えようとしてい

るからです。

　まずは、「1社頼り切りによって何が問題なのか」を明確にし、そのことを「問題」と定義したほうが、使うデータを適切に選ぶ観点からも良いと考えます。例えば、「同じような経歴の応募者しか集まらない」や「その1社の営業状況が応募者人数の変化に大きく影響し、必要なときに十分な人数を確保できない」などです。

◉◉◉ 事例 4

結論：広告媒体の選定に困る
指標：？？？

　これも「選定に困る」ことでどんな「問題」が生じているのかを明確にしたいところです。例えば、「個人の裁量で選ぶ結果、広告の効果がまばらなこと」や「そもそも選定基準がないこと」なのか、「狙ったターゲットに広告で十分リーチできていないこと」が問題なのかによって、使うべき指標が全く変わってきます。

　目の前で起こっている現象を、自分で上手に具体的な「問題」として定義し直すと、次に進みやすくなります。

◉◉◉ 事例 5

結論：顧客満足度（CS）向上
指標：CS アンケートスコア

　様々な企業や行政機関・自治体で多く目にするケースです。まずは「目的」としての「顧客満足度向上」について考えてみましょう。

　「顧客満足度向上」そのものが最終目的になることは、稀なケースではないでしょうか。「顧客満足度向上」という「手段」によって「何を実現したいのか」。この最終目的が不明確なケースが少なくありません。

例えば、BtoB の企業がこの調査を定期的に行い、年度目標として「顧客満足度向上」を掲げていたりします。そこで「顧客満足度を向上させると、受注額が増えたりするのですか？」と聞いてみると、「そういうことが確認されたことはない」というような答えが返ってきます。本来はこの最終目的が明確であり、その実現「手段」としての「顧客満足度向上」があるという認識や確認が必要であるにもかかわらず、「手段」としての「顧客満足度向上」をやみくもに追い求めているケースです。

　もちろん、アンケートスコアがあれば何となくその集計や前年度比較ができてしまうのですが、その結果、グラフを見て「上がった、下がった」「高かった、低かった」ということを確認して終わってしまうことでしょう。データが活かされていない典型例の一つです。

　そうではなく、顧客満足度が高いと（改善すると）、例えば売上や集客などの結果にどのような影響があるのかを調べ、顧客満足度向上の目的をはっきりさせることが、「データ活用」のステップ1でしょう。その上で、その変化を見るために必要な、「CS アンケートスコア」のデータとして何が必要なのかが決まります。その内容によって、前年度との比較やスコア間の比較、競合他社との比較などが必要となるかもしれません。場合によっては、今、集めている満足度に関する質問項目が「最適ではない」ことに気づくかもしれません。

◐－社内に存在する問題の例

　次に紹介する事例6〜事例8は、どんな職場でも問題となり得る、有給消化や残業時間、スキルの伝播についての事例です。

◐◐ 事例6

結論：有給取得日数の改善
指標：有給の取得状況・残業の状況

まず目的として掲げている「有給取得日数の改善」とは、一体何がどうなると「改善」となるのか、これだけでははっきりしませんね。解釈として、例えば「有給取得日数が全社的に少ないので、全社の取得日数を今よりも平均で3日間増やしたい」や、「部門によって有給取得日数に大きな差があるようなので、不公平感を減らすためにそれを平準化したい」などが考えられます。具体化が足りていないと、違いの大きい複数の解釈が出てしまい、指標選びに影響します。

　また、指標として挙げた「残業の状況」も、分析の途中（特に要因分析のステップ）で必要となるかもしれませんが、「有給取得日数の改善」という「問題」を直接示す指標としては、適切ではなさそうです。なぜなら、既に「有給取得に問題がある要因は残業である」という「要因」について、この時点で決め打ちしてしまっているからです。このままだと、「問題」と「要因」がセットで限定されたまま、言い換えると視野が狭いまま、その中のデータだけで話が進んでしまうことでしょう。

◍◍◍ 事例7

結論：属人化業務の増加
指標：社員の退職・異動者データ

　これはなかなか難しいお題です。「属人化業務」をどう定義して指標化すれば良いでしょうか。属人化業務とは、ある特定の担当者だけがその業務内容のことを理解・把握していて、他の人に簡単に引き継げない業務のことです。おそらく、「属人化」状態そのものを直接示すことは難しいので、他の方法を考える必要がありそうです。

　例えば「属人化業務」とは、「特定の人が変わることなく3年間以上従事し続けている業務」のように定義するとすれば、指標としては業務ごとの担当者継続期間データなどになるでしょう。

　もちろん、ここで述べた定義が絶対的な正解ということはなく、またベストな定義であるとも限りません。他の定義をした場合には扱う指標も変

わります。定義にもよりますが、おそらくここで挙がった指標「社員の退職・異動者データ」では、「属人化業務」の現状を示すことにまだ距離があるように感じます。「もっと問題に近い」データを考える必要があると同時に、まずはこの「問題」のより具体的な定義が必要です。

◯◯◯ 事例8

結論：残業時間が適切であるか
指標：月間の平均残業時間

　こちらも「事例6」と似たケースです。「適切」や「改善」といった言葉は至る所で目にします。何となく、言いたいことは誰でも察することができるでしょう。しかし、「察する」ことができても、指標に落とし込むには十分でないケースもあります。これはその典型例の一つです。

　「残業時間が適切」とは一体どういう状況を指すのでしょうか。「残業時間がゼロ」「残業時間の月合計が一定時間以内」「年間を通じた残業時間が平準化されている」「部署ごとの残業時間が平準化されている」「特定個人に残業が偏っていない」など、いくらでも解釈ができる余地が残っています。

　これでは「目的」や「問題」の定義が不十分と言わざるを得ません。それが決まっていない中で、とりあえず関係しそうな「月間の平均残業時間」を集めてグラフ化したところで、現状把握はできても、目的に対して必要なことは何一つ見えてこないことは既に明白です。

◯◯－ 自治体や行政における問題の例

　事例9と事例10は、自治体や行政機関での課題として目にする例です。

⬤⬤◯ 事例 9

結論：待機児童数をゼロにしたい
指標：児童数の推移

　こちらは自治体でよく取り上げられるテーマの一つです。「目的」として書かれている内容は明確ですね。同時に、これは「待機児童数がゼロか否か」で目的の成否を考えることを意味します。ただし、本当に目指すことがこれなのか、といった確認は必要かもしれません。例えば、「待機児童数を今年度に比べ3年以内に3割減らす」といった目的のほうが、地に足の着いた現実的な目的と言えるケースがあるかもしれません。

　いずれにせよ、「待機児童数をゼロに」を「目的」とすれば、その目的に対する現状を直接把握する指標が、「児童数の推移」でないことはわかるでしょう。そこをしっかり考えていないと、手元にあった「児童数の推移」をグラフにして、「待機児童数」問題を語ってしまうことになりかねません。

　児童数が減った／増えたや、多い／少ないといった現状把握は、「待機児童数ゼロがどこまで達成できているか」を示すことにはなりません。それでも「我が地域では児童数が増えている」というグラフを根拠に、「待機児童数ゼロが難しくなっている」という結論を出していれば、それは数字を有効に使った主張でないばかりでなく、ロジックが成立していません。

　より有効と考えられる指標例は、「地域内の全施設に対して、待機児童数がゼロである施設の数や割合」や、さほど直接的ではないかもしれませんが、「施設数に対する児童数」などでしょうか。

⬤⬤◯ 事例 10

結論：XX施設の平均利用を週2回以上にしたい
指標：利用者満足度、既存 vs 新規利用者数

　こちらも自治体でよくあるケースの一つです。「目的」が具体的な数値で

示されているため、わかりやすいと思います。

　一方で、指標についてはどうでしょうか。「利用者満足度」は、どうやらこの時点から「要因」や「方策」を限定している証拠と言えないでしょうか。すなわち、「利用者の満足度が低いから（要因）、利用頻度が少ない」や、「利用者の満足度を高めることで（方策）、利用頻度が上がるはず」と、スタートを切る前からストーリーを絞り込み、決めつけているリスクがあります。このままでは、満足度データなどから自分の筋書きに合った情報だけを拾い上げてその部分だけを提示する、最初からストーリーありき、結論ありきに、都合の良いデータを当てはめただけのアウトプットができ上がりかねません。

　集めたデータから自分の筋書きに当てはまる情報が拾い出せなかったときに、「データから欲しい情報が取れない」と言って悶々とするはずです。いずれも「データ活用」できていない典型的な状況です。

　「既存 vs 新規利用者数」についても、問題を細分化してみるという点では、目の付け所として決して悪くないと思います。ただ、まずそのような細分化、分解をする前に、「現状はどうデータで示せるのですか？」という最初の問いに答えられる指標を考える必要がありそうです。

　例えば、「週2回以上使われている施設はいくつあり、全体の中で何％なのか」といったもので、現状が見えてくるはずです。その結果を見た上で、ではどんな施設は達成できているのか、どんな利用者が多く使っているのか、といった視点で掘り下げていけば良いのです。

　まずは、現状の「問題」はどう示せるのか、という視点で指標を考えてみてください。

◐－より良い目的・問題定義のために

　ここまで多くの事例を使って、定義された目的や問題と、使っているデータとのつながりの問題を紹介しました。あえて突っ込みどころのあるケースを取り上げてダメ出しのようなことをしましたが、ここで紹介した私の

コメントも含め、正解は存在しません。皆さん自身が、どうアレンジすると より良い目的・問題定義ができ、適切にデータを選ぶことができるかを具体的に考えてみてください。

このようなトレーニングを繰り返すことによって、データ活用に取り組む人が次の機会にここで指摘したような点に気づけるようになり、徐々に、確実にスキルが向上していきます。高校生や大学生など社会人になる前からこれらに気づけるようになると、問題解決やデータ活用のスキルの向上が早い段階から進むことを実感しています。先にも述べましたが、今の日本の教育課程にこうしたプログラムがほとんどないことが残念でなりません。

実際に自分で行う際には、目的や問題として「自分が言いたいことは何か？」が明確になっていることを大前提に、

自分は正しいデータ（指標）を使っているだろうか？

と自問自答してみてください。

もっと具体的には、

例えば今日初めて会った部外者、第三者に「私はこんなことで困っているのです」「これが問題なんです」「私はこれを理解して欲しいのです」ということをデータで端的に示すとすれば、どのデータを使ってどう伝えますか？

これをシンプルに考えてみてください、とお伝えしています。

背景や目的を共有していない人、複雑に色々説明しても全部を一度に理解することが難しい人に、どう自分の「目的」や「問題」を伝えることができるか。相手の視点に立って考えてみてください。きっと自分の改善点が見えてくるはずです。

英語で言えば、Are you using the right data? となります。

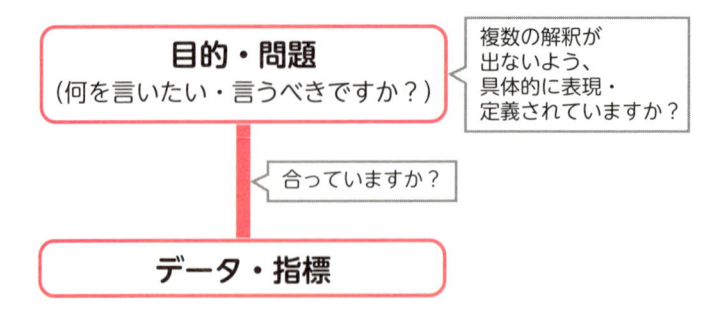

図12：自分は目的や問題を明確に定義して、正しいデータ（指標）を使っているだろうか？

　実際に、留学生を相手とした横浜国立大学での授業でも、このような板書をして学生にセルフチェックさせながら考えてもらっています。

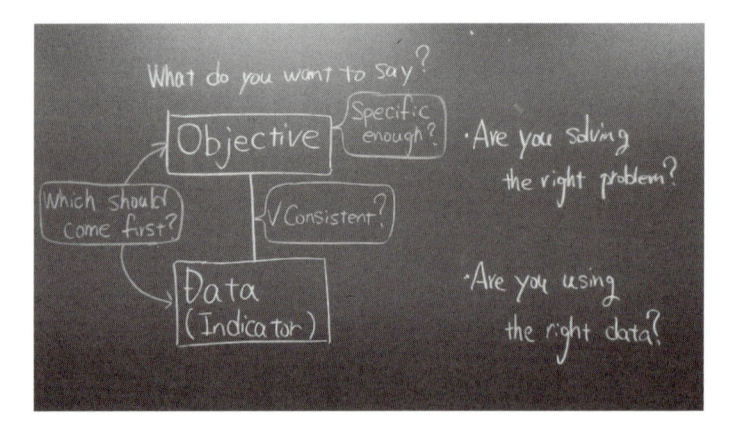

図13：セルフチェックをしてみよう（留学生向けの授業なので英語で行っています）

第3章

「これが問題なんです」って
データでどう言えば良いの？

～現状把握・評価力：問題を表現する力～

結果と評価は違う

　何を目的や問題として、そのためにどの指標を使えば良いのかがわかれば、現状把握ができます。

　ただ、「現状把握」というときに、次の二つの違いをはっきりと認識しておく必要があります。

(1) あくまで実績や事実、結果を確認すること（図1中D)

(2) その結果について評価をすること（図1中E)

図1：データ活用のプロセス－現状を把握する・評価をする－

例えば、「今月の売上の実績は 300 万円だった」というデータがあります。これは、今月の実績（結果）を示しています（図1 中 D）。ところが、この 300 万円という実績が、良かったのかもしくは悪かったのかといった「評価」（図1 中 E）は、この情報だけではできません。

◐− 価値ある情報とは

では、実務の世界で最終的に必要とされ、価値ある情報と呼べるのは D と E のどちらでしょうか。

300 万円という事実を確認することが不要だとは思いません。実績を「管理」する上では必要な情報です。ただし、私が実務上「価値ある」と考える情報とは、次のいずれかに直接つながるものです。

- 具体的なアクションが特定できる（誰がいつ何をするのか）

- 具体的な判断を下す材料となる

300 万円という実績の善し悪しすらわからない状態では、一体、来月はどこの何についてどういったアクションを起こせば良いのか、わからないですよね。ところが、毎月の売上実績のデータはどんな組織でも常にアップデートされて入ってくるため、それを単純にグラフ化して提案につなげようとするケースが少なくありません。それは「実績を表示」しているだけであって、多くの人が欲しいと考えている「示唆」を与えてくれるものとは別物です。

「データを扱っている」「統計データを見ている」といった言葉を聞くと、いろいろな指標の実績の推移や結果をグラフなどでわかりやすく示した姿を思い浮かべる方が少なくありません。まずはその段階を卒業して、次のステージに移ることができなければ、「データを活用している」という実感を抱くことは難しいでしょう。

この問題は、民間企業における月次売上実績データなどの代表例だけに

限りません。自治体におけるデータ活用もこのケースを多く目にします。

　例えば、自治体では「最新の人口」、「使った予算の実績」、「BMI が XX を超えている人のパーセンテージ」など、「現状はこうなっています」や「こういう結果でした」といった情報を整理することが多いと思います（実際、広報などに掲載されているデータの多くが、こうした種類のものです）。もちろん、「最新の実績値を何の評価を加えることなく事実として市民に公開すること」を目的としているのならば、適切なデータの使い方と言えるでしょう。

　一方で、データをより戦略的に意思決定や問題解決などに使おうと考える場合、これでは全く太刀打ちできません。常に競争原理で動かざるを得ない企業と同様に、人口が減り、財政もますます厳しくなることが確実な国内の自治体で次に必要とされるのは、事実や結果の公開だけでなく、合理的で市民が納得できる判断や意思決定のための材料です。

　「我が街の最新人口は 35,000 人です」という情報自体は、この観点では何ら貢献しないのです。

◯◯－評価と優先順位の関係

　実際に必要な情報として、例えば次のような評価、判断ができるものが必要なはずです。

- どちら（どれ）がより効率的か

- どちら（どれ）がより効果的か

- どちら（どれ）がより重要か

- どちら（どれ）がより緊急か

　人手や財源の確保がますます厳しくなる中、自治体でも、例えば「誰にでも等しくサービスを提供する」ことができなくなってきました。そこで

重要になってくるのが、「どのように優先順位をつけるのか」という観点です。当然、民間企業にもこれは当てはまります。

　「優先順位」をつけるためには、目の前にある選択肢をある尺度で「評価」することが求められます。「データを使っているから」と実績値を眺めていても、納得のいく結論が出てくるわけではありません。

　優先度を決める、重要な問題を切り出す、といった「本来必要で価値がある情報」を得るためには、「評価」が必要なのです。

事実や結果の表示 ≠ 評価

データを活かして価値ある情報を得るためには、まず、

事実や結果のデータをグラフや表、指標などで表示すること
と
内容を評価し、具体的なアクションや判断につなげること

を区別した上で、後者の必要な評価ができるようになることがデータ活用への重要なステップです。

　それでは「評価」をするために必要な視点と使えるテクニックについて見ていきます。

比較の視点の重要性

「評価」のために必要なこととは、ズバリ「比較」です。

数値（データ）は、値の大きさを示すことはできるものの、その値に対する評価は単独ではできません。何かと比較することで初めて、その値に対する評価ができます。

「何を当たり前のことを言っているんだ」と思われるかもしれませんが、そこまでできている人は実は少数派なのではないでしょうか。単独の値に対して大きいという「印象」をあなたが抱いたとしても、それ自体は評価とはなり得ません。一方で、人は小さい値や大きい値の「印象」に大きく揺さぶられる傾向があります。それは、あくまでも印象の話であり、つまりは主観の世界です。その印象で結論を作ってはいけません。

評価を客観化させるものが、「他との比較」なのです。

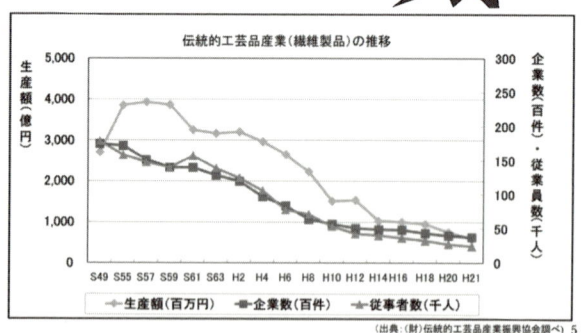

図2： アウトプットD
　　　（出典：経済産業省製造産業局伝統的工芸品産業室「伝統的工芸品産業をめぐる現状と今後の振興施策について」）

第 2 章でも紹介した、徳島県立脇町高等学校の高校生のアウトプットの一つを例として見てみましょう。

　図 2 のスライドの結論として、「伝統的工芸品産業の従事者数が大幅減」を訴えています。

　これは、本校で進めている「データ活用プログラム」での最初の段階で出てきたものです。この段階では準備に十分な時間が取れなかったという背景があるのですが、こちらも既存のグラフを活用して、この結論の根拠を示そうとしていますね。

　では、このアウトプットに対して厳しめにフィードバックをするとすれば、皆さんは何を指摘されるでしょうか。

　まず、結論とは直接関係ない、「生産額」や「企業数」といったデータが余計だ、と思う方がいるかもしれません。確かにその通りです。このアウトプットを見ると、きっと誰でも「どこを見ると、直接結論を示すデータがあるのだろう？」と探してしまいますね。でも時間がなかった高校生ですので、ここは大目に見ましょう。

　他にはどうでしょうか？ もっと大事なポイントはありませんか？

◑−結論とデータは合っているか？

　第 2 章で考えた、「結論とデータが合っているかどうか」という観点で見てみましょう。図 2 のアウトプット D での結論は、「伝統的工芸品産業の従事者数が『大幅減』」です。単に「減少している」とは違い、減少の幅が「著しい」という「評価」をしていることに着目してください。

　おそらくこのアウトプットを作った本人は、「単に『減少している』とは違い、減少の幅が『著しい』という『評価』をしている」なんて、そんなことまでは考えずに書いたことでしょう。細部の表現についてまで指摘するのは、高校生には酷なことだとも思います。しかし、データを活用して成し遂げたいことは、自分の「思い」や主観の温度を伝えることではありません。より厳密で客観的、論理的な主張を理解し、納得してもらうこと

です。たとえ高校生であっても、この点については忘れてはいけません。

　では、客観的か論理的かといった点に注意して、グラフ中の「従業員数」の推移を見てみましょう。「従業員数が減っている」という事実は確認できるものの、この減少の程度が「大幅」なのかそれとも「大したものではない」のか、客観的な評価はできないはずです。この点を押さえることの重要性は、高校生であっても十二分に理解し、納得できるはずです。

⬤⬤⬤ データを集める前にすべきことの具体例

　そこで、この減少の程度を評価するために必要となるのが「比較」です。
　私は、高校生に対してここまで説明した上で、次の質問を投げかけます。
　「では、何と比較すると結論の説得力が高まりますか？」
　ここでも正解はありません。自分のストーリーを考えてもらいます。
　例えば、次のような回答が出てきます。

> 　「同じ地域の他の産業と比較することで、『伝統的工芸品産業』の減少幅がより大きいことが確認できるかもしれません」
> 　「単に他の産業と言っても、選ぶ産業が恣意的だと、客観性が薄れてしまうため、全産業の平均とか、製造業全体といったもののほうが、比較対象としてより客観性があると思います」
> 　「他の産業と比較するときに、各産業の売上規模などは大きく異なることが想定されるので、単に従事者数だけを比較するだけでなく、売上額に対する従事者数の比較なども有効ではないでしょうか」

　どれも素晴らしい視点だと思います。大事なことは、いろいろなデータやグラフを見た結果として上記のようなアイデアが出てきているのではなく、データを集める前に、データを触る前に、「こういうことをこう言うべきだ」という発想から出てきているところです。

いずれも目的思考で、目の前のデータにとらわれることのない思考法ですね。これが、私が考える「データ活用リテラシー」の本質の一つです。

実はビジネスパーソンでも、このような思考を完全にスキップ（思考停止）して目の前にあるデータをそのまま使った結果を示し、結論とデータとの間に論理的な乖離がある例は数多くあります。

当然ですが、言いたい結論を想定し、データで評価したところ、その結論とは違う結果であれば、結論自体を変えることが求められます。無理にデータを結論に合わせることは本末転倒ですので、注意が必要です。

◯◯－比較する際のチェックポイント

ここで「何と比較すべきか」についてしっかり頭を使うかどうかが、結論の質を大きく左右します。その際の主なポイントは次の二つです。

(1) 結論につながる結果が得られるか（必ずしも結論通りの結果が得られるとは限りませんが）

(2) 比較することで「差」が見い出せそうか

◯◯ ポイント（1）結論につながる結果が得られるかどうか

(1) は、本書でここまでに何度も述べてきたものです。「データがあって、そこから何が言えるか」ではなく、それとは逆のプロセス、つまり「何かを言いたい・確かめたいので、XX のデータを XX のデータと比較してみた」が、データ活用には必須だということです。

図 2 の「伝統的工芸品産業」の例でも、もしかしたら目の前に「新興の工業製品産業」の従業者数のデータがあるかもしれません。でもそれと比較することで何が言えるのか、それは自分が確かめたいことと合っているのかを確認せずに比較作業に進んだところで、二つのグラフが表示されるだけです。

「伝統的工芸品産業」と「新興の工業製品産業」を比較することで「○○○○○○」という評価・結論を見い出したい、という目的があるのであれば、これら二つの産業を比較することにより、その「○○○○○○」という結論は高い納得性をもって成立します。

　ここで、この思考ができているのか、その思考に沿ったアウトプットが得られているのかどうかを自分で確認できる方法があるので、紹介しておきましょう。

　それは、最終的に「結果」ではなく、「結論」が述べられているか否か、です。データ有りきの人のアウトプットの多くは、「結果」となっています。一方、そうでない目的有りきの人は「結論」を述べています。

> **結果** XXX と YYY には差があります。
>
> **結論** XXX と YYY に差があるということは、
> つまり ZZZZZ だと言えます。

> 「データを活かす」とは、
> **結果** を述べることではなく、**結論** が導かれていることです。

図 3：大事なポイント・結果と結論は違う

　先の伝統的工芸品産業の例で言えば、結果と結論の表現の違いは次のように表れます。この違い、わかりますか？

> ■ 結果：
> 伝統的工芸品産業の従事者数と全製造業平均の従業者数との減少幅には差があります。

■ 結論：

伝統的工芸品産業の従事者数は、同じ製造業の中でもその減少幅
は著しく大きく、より深刻な状況が続いています。

「結果」はグラフを読み取り、それを言葉に置き換えただけのものです。言っている内容自体が間違っているわけではありません。

一方「結論」は、その差があることが結局どういうことなのか、の説明をしています。こうした説明をするためには、大前提として、「自分が何を言いたいのか、何を問題として考えているのか」がはっきりしていなければなりません。

私は自分が教えている大学の授業でも、学生の発言やプレゼンテーションの際に、この点を重視しています。グラフや数値から結果を読み上げている学生の多くは、やはりデータ有りきで作業を進めていることが多く、まずはその思考パターンを変えることから始める必要があるからです。私はよく、「あなた、データ（グラフ）を読んでいますよ」と指摘します。グラフや表の説明をしている時点で、結果を述べていることになるからです。

これを避ける手段の一つとして、もしもグラフや表を作るのであれば、それぞれのアウトプットに対して具体的な結論、すなわち「で、結局何が言えるのか」を文章で書くように勧めています。ここで手が止まってしまうと、自分は何を目的としているのかわかっていないまま、作業をしていたことに気づくことができます。むしろ、そのようなパターンに染まり切っていない高校生のほうが、柔軟性があるとも感じています。

一方、ビジネスパーソンで、長年「データ有りき」で業務を進めてきた人の思考パターンを修正するには、より高いハードルを越えさせる必要があります。この点については第6章でもう少し詳しく見ていきます。

⬤⬤⬤ ポイント (2) 比較することで「差」が見い出せそうかどうか

比較したは良いものの、結果として両者の間に何ら差が見い出せないとなると、そこから評価することができなくなってしまいます。それ自体が間違いや問題であるわけではありません。つまり、データや結果に問題があるというよりも、最初に想定した「差があるだろう」という仮説が間違っていたと考えるのが妥当です。もしくは、「そこには差がなかった」ことを結論とすることもありでしょう。

いずれにせよ、「両者に差がある」ことを根拠に評価をするためには、「差を見つける」ことが一つのポイントとなります。

例えば、ある商品の売上実績を評価するのに、自社の他の商品と比較するのと、他社の競合商品と比較するのとでは、どちらがより大きな「差」を見い出しやすいのかを考えます。次のステップとしてその差の大きさを比較により確認しながら進めます。

この過程でも絶対的な正解はなく、比較対象を一つに絞り込む必要もありません。実際には、いくつもの比較対象候補を挙げ、それぞれで比較した結果と結論との整合性を確かめ、場合によっては再度比較対象を増やしたり調整したりという、「仮説」⇒「検証」を繰り返し行うことが現実的でしょう。

⬤⬤⬤ 内部の比較と外部の比較

比較といったとき、その比較対象は外部のものだけではありません。自社製品を他社製品と比較するのは、外部との比較です。一方で、自社製品の総売上を、東日本での売上と西日本での売上に分けて、両者を比較することも可能です。これは、内部での比較と言えます。

目的に応じてどちらが適切か、または両者とも試してみる価値があるか否か、その都度考えてみてください。

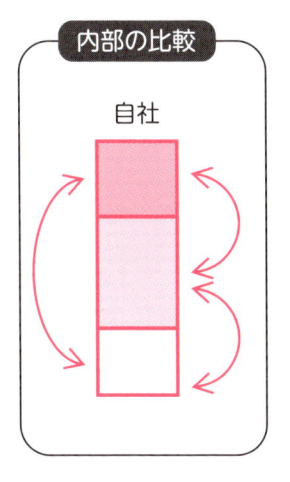 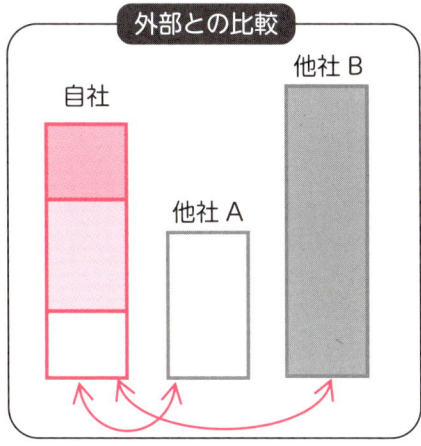

図4：目的によって「内部」「外部」の比較を使い分けよう

「これが問題なんです」ってデータでどう言えば良いの？

比較のテクニック

　さて、ここで「評価の基本は『比較』であることがわかった！ では早速」とばかりに作業に猛進してしまうのは危険です。

◖◗ー平均を使った、よくある分析パターン

　例えば、A、B、C の 3 商品の売上実績を比較するとします。図 5 のグラフのように、真っ先に平均値の大小を比べようとする人は少なくありません。

　図 5 を見ると、一目で商品 C の売上平均が相対的に高いという事実（比較・評価結果）がわかります。ただし、それはあくまでもこの評価の尺度が数字の値の大小、中でも平均値という指標で示される値による、という前提において言えることです。

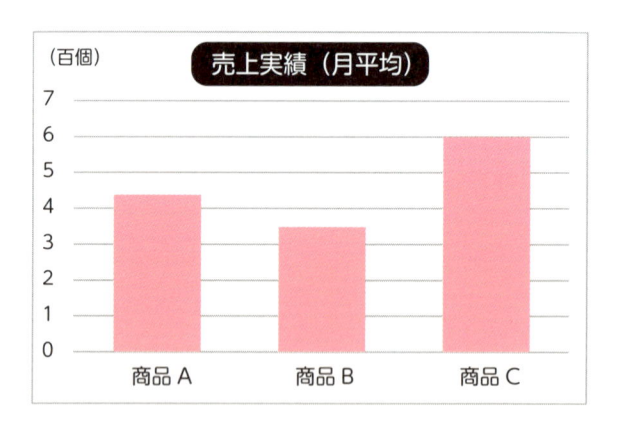

図 5：三つの商品の売上比較（平均）

　では、ここで考えてみてください。それ（平均値の大小という尺度）で、

またはそれだけで売上の善し悪しを評価してしまって良いのでしょうか？

この結果に至った元のデータが表1です。

表1：三つの商品の月別売上実績（百個）

	1月	2月	3月	4月	5月	6月
商品 A	1	1.4	2.2	3.2	2.9	4.7
商品 B	3.2	2	4.3	1.8	4.4	3.3
商品 C	8.9	3.6	2.1	1.5	4	9.3

	7月	8月	9月	10月	11月	12月	平均
商品 A	5.4	5.6	6.3	6.4	6.9	6.5	4.38
商品 B	4.6	6.1	2	3.5	3.9	2.7	3.48
商品 C	6.3	5.8	9.6	7.9	2.7	10.3	6.00

各商品の1年間を通じた実績（パフォーマンス）を評価する尺度として、月の「平均」以外に何が考えられるでしょうか？

「年間合計」が一番わかりやすいですが、数値の大きさの尺度を測っているという点で本質的には平均と同じことですので、評価結果も変わりません。

◖◗-推移や変化を見てみる

例えば、年間を通じた推移や変化という尺度ではどう見えるでしょうか。ここで推移を見るために表1のデータをグラフにして可視化したものが図6です。どのような評価ができそうでしょうか？

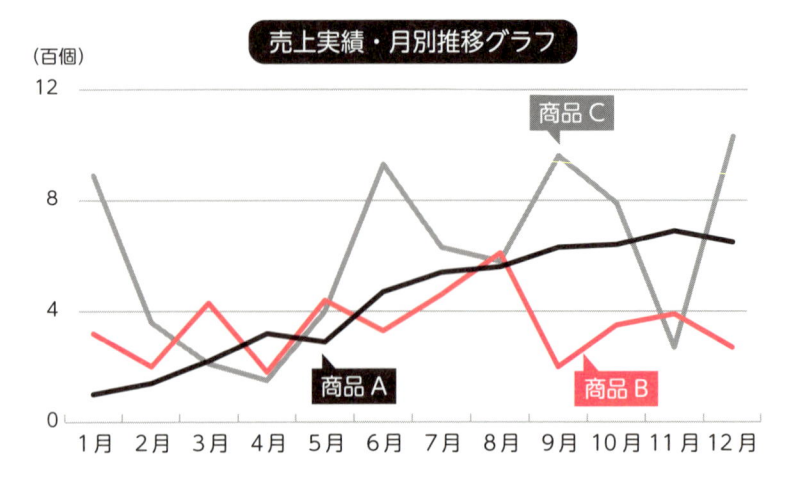

図6：三つの商品の売上推移比較

　商品Aは、年間を通じて徐々にその売上を順調に伸ばしていると言えます。

　図5に示した平均値では一番良く見えた商品Cは、秋口やクリスマス・正月シーズンなどに一時的に大きな売上を得ていることがわかります。商品Bは、AやCと比べると年間を通じて売上がやや平坦ですね。

　もし、これらの商品の評価の目的や視点が「翌年以降を見据えた成長性の評価」にあるとすれば、この結果からどのような結論を導き出しますか？

　一例として、次のようなことが結論として言えるかもしれません。

> 　商品Aは徐々に商品の認知度と評価が向上し、年間を通じて着実に売上が伸びています。おそらく翌年もさらにこの傾向が続く可能性があり、来年のプロモーションの目玉商品とすることで、大きなチャンスとしたい。

　平均値を使った「値の大きさ」の尺度で評価した「商品Cが良い」とは、異なる結論となったことに注目してください。

◐○ー バラつきで考える

　次に、各月での売上の安定性、すなわちバラつきの尺度で評価してみましょう。図6で示した折れ線グラフでも視覚的にバラつきの大きさを捉えることはできますが、図7のようなヒストグラムで可視化することも一般的です。ヒストグラムとは、横軸が個々のデータの値の範囲、縦軸が各範囲に収まるデータの個数を示しており、データ全体の分布、そしてそこからバラつきの様子を一覧できるグラフです。

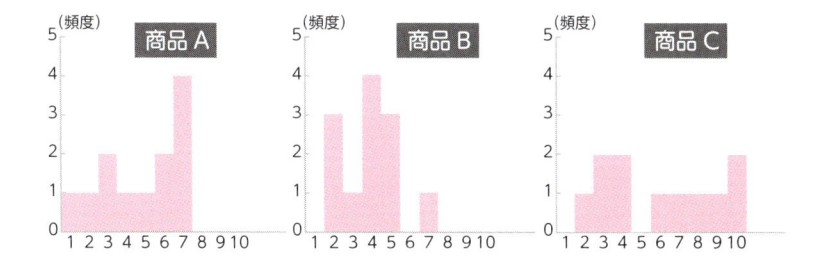

図7：ヒストグラムで可視化された各商品のバラつき

　しかし、データの数が多かったり、もっと複雑な変動をしたりしている場合などは、折れ線グラフやヒストグラムから得られる視覚的な情報だけでは定量的にバラつきを捉えられないケースもあります。そのような場合には、バラつきの幅を示す標準偏差（ひょうじゅんへんさ）という指標も併せて使ってみましょう。

　表1のデータを使い、商品A、B、Cそれぞれの月ごとの標準偏差を計算すると、表2のようになります。

表2：商品A、B、Cそれぞれの月ごとの標準偏差

	標準偏差
商品A	2.13
商品B	1.27
商品C	3.17

この結果から、商品 C の月ごとの売上額のバラつき幅が、この 3 商品の中では最も大きいことが確認できました。

　ここで言うバラつきとは、元のデータ全体（ここでは 1 ～ 12 月）におけるデータの大小の間隔（幅）のことを指しています（コラム「『バラつき』の考え方について」参照）。このことに注意して、商品 A の標準偏差の数値について考えてみましょう。図 6 の推移グラフを見る限り、商品 A は一見バラついている印象を持ちにくいかもしれません。しかしバラつきは、商品 A のように 1 月に小さな値であったものが徐々に 12 月に向かって大きくなるような場合でも大きく表れるのです。商品 A の標準偏差の値が商品 C ほどには大きくないものの、商品 B より大きいのは、このことが背景にあります。

　こう考えると、「バラつき」を見るには標準偏差という指標だけに頼るのではなく、それと併せてグラフなどでその変動の様子を視覚的に確かめておくと安心ですね。

⚪⚪ バラつきが大きいとは、結局どういうことなのか

　では、「バラつきがより大きいこと」は良いことなのでしょうか、それとも悪いことなのでしょうか。ここでは、比較して「評価」をすることがゴールであるため、この点について答えを出さなくてはなりません。皆さんはどう思いますか？

　これも正解のない問いの一つです。例えば、この解釈として「バラつきが大きいということは、毎月の売れ方として不安がある」と考えるのであれば、最も問題が大きいのは商品 C ということになります。逆に「バラつきが小さいと売上が安定しているものの、将来、その売上を大きく伸ばせるかと言うと、その可能性は小さいかもしれない」と考えられるかもしれません。

　また、評価は必ずしも「良い／悪い」だけではありません。善し悪しを出さずとも、

> 　来期に販売促進の費用をかけるべき対象は商品Cである。なぜならバラつきが大きいため、売れていない月に費用を投じて底上げができれば、年間を通じて大きな成果が出せるかもしれない。

という結論もありでしょう。

　これも、結果有りきではなく、最初に「自分で何を言いたいのか」「言いたいことに対する指標をどう評価すべきなのか」に対する考えがないと、結論としてこのようにはまとまりません。

「バラつき」の考え方について

ここで、「バラつき」の考え方について簡単に触れておきます。バラつきと言うと、毎月大きな変動が起こり、年間を通じてみるとノコギリの歯のような動きをするものだとイメージされる方がいますが、バラつきとは、どのように変化するかということは関係なく、個別のデータの値の大小の広がり度合で捉えるものです。

図8の横軸は、元のデータ個々の値の大小を示しています。縦軸は、それぞれの大きさのデータが何個存在するか、その個数を示しています。

図8の例では、平均値前後の値のデータの数が一番大きく、そこから小さくまたは大きく離れれば離れるほど、その値のデータの数は減っていくという特徴を示しています（これはあくまで例ですので、全てのデータがこのような特徴を持っているわけではありません）。

図8で言えば、上が「バラつきが大きい（＝標準偏差が大きい）」、下が「バラつきが小さい（＝標準偏差が小さい）」となります。本書では、標準偏差についての詳細な説明は割愛しますが、標準偏差の大きさは、データの最小値（色線の左端）と最大値（色線の右端）といった極端な値の幅ではなく、大半のデータが存在する範囲の幅で捉えることになっています。極端な値に全体のバラつき幅が大きく影響を受けることなく、大多数のデータの範囲を示せるという利点があります。

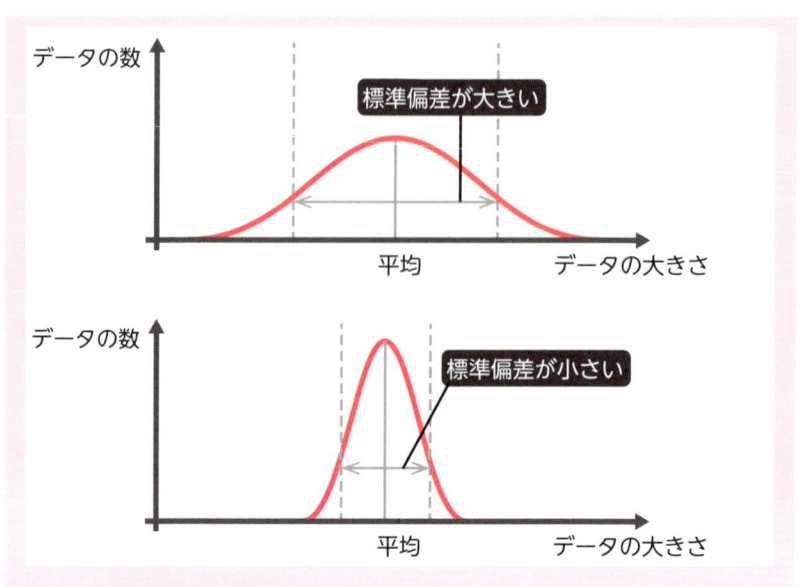

図8：標準偏差の考え方

なお、Excelでこの標準偏差を求めるには、STDEV関数を用いて簡単に計算することができます。

また、互いに大きさや規模が大きく異なる二つのバラつきを、標準偏差の値の違いで比較するときには注意が必要です。例えば、売上が1,000万円規模における50万円のバラつき（＝標準偏差50万円）と、売上が100万円規模における50万円のバラつきとでは、50万円のインパクトが違うことは明白ですよね。このような、大きさの前提が大きく異なる二つのバラつきの比較を行う場合には、標準偏差を平均で割って、大きさの前提を揃えた値で比較する必要があります。

◖◗－尺度のまとめ

ここまでにお話ししてきた、「データの特徴を捉え、比較・評価する」た

めに使える尺度についてまとめます。

　紙面の都合上、ここでは紹介できませんでしたが、データを「比率」で捉えることも一つの尺度になり得ます。このため、比率を加えた四つの尺度を紹介しておきます。

表3：データの尺度と代表的な指標

データの尺度	代表的な指標など
値の大きさ	平均値、合計
推移	折れ線グラフ、棒グラフ、変化率
バラつき	標準偏差、ヒストグラム
比率	分数、パーセント

　先のA、B、Cの3商品の売上実績評価の例のように、同じデータであってもどの尺度で評価するかによって、その結論が変わることがあります。ここでも「どれが正解なんだろう？」という発想を捨ててください。また、どれか一つの尺度だけに絞らなくてはいけないということもありません。複数の尺度を用いて、それらを組み合わせて結論を作ることで、より立体的で深みのある結論が出せることがむしろ多いものです。

　「このケースでは、どのような評価が重要なのだろうか。どのような説明や結論ができるのだろうか」という観点から考えて、必要な尺度を活用してください。これもデータ活用リテラシーの重要なポイントの一つです。

比較の事例紹介

　ここからは、次の二つのポイントについて、私がサポートを行った事例を紹介していきます。

(1) 評価をするために何と比較すべきか

(2) どの尺度でデータを比較するのか

◖◗-人口問題を扱った例

　最初に、東京都目黒区役所の職員向けに行った「データ活用リテラシー」向上プログラムで紹介した内容の一部をピックアップし、簡単な事例の一つとして紹介します。

　このプログラム内で私が最初にお見せしたのが、図9のグラフです。

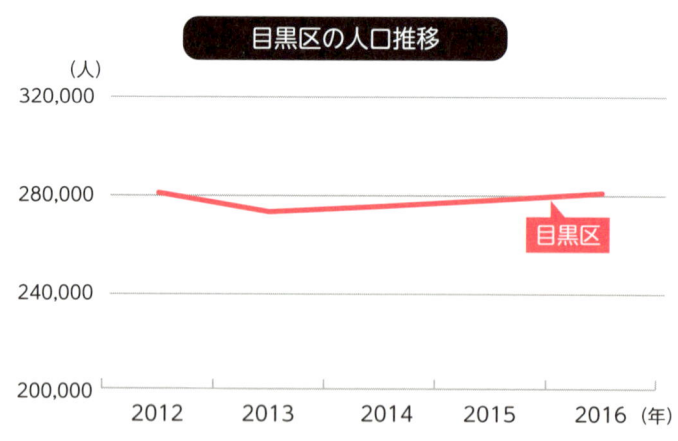

図9：目黒区の人口推移（出典：東京都の統計）

これを見せながら、私は参加者にこう聞きました。

> 　全国では珍しく、現時点では、目黒区の人口は増えていますね。では、この結果はどのくらい良い、もしくは悪いと「評価」できますか？
> 　具体的には目黒区の人口って安泰なのですか？
> 　それとも何か問題があるのですか？それを知らないと、どのような施策がどの程度必要かという検討ができないですよね？

　図9のグラフからは、人口がいつからどのくらい増えている、という結果と実績はわかります。増えているという事実自体は自治体として良いことだと思いますが、これを「評価」するとなると、皆さんはどう評価しますか？ 何と比較しますか？ このことについて考えてもらいました。

◯◯◯ 比較の具体例

　例として、次のような意見が挙がってきました。

- 地域が近ければ、地理的条件や環境がさほど変わらないだろう。その中での「比較」が妥当ではないか
- 23区内とそれ以外とでは、人々の認識も大きく異なる。実際、生活環境などの共通性といったことも考えると、23区内での「比較」が妥当ではないか

　そこで、「目黒区と隣接区との人口推移の比較で違いが見えれば、目黒区の推移の大小が相対評価できるのではないか」と考えてグラフ化したものが、図10のグラフです。
　図10を見て、どのような結論が述べられそうでしょうか。

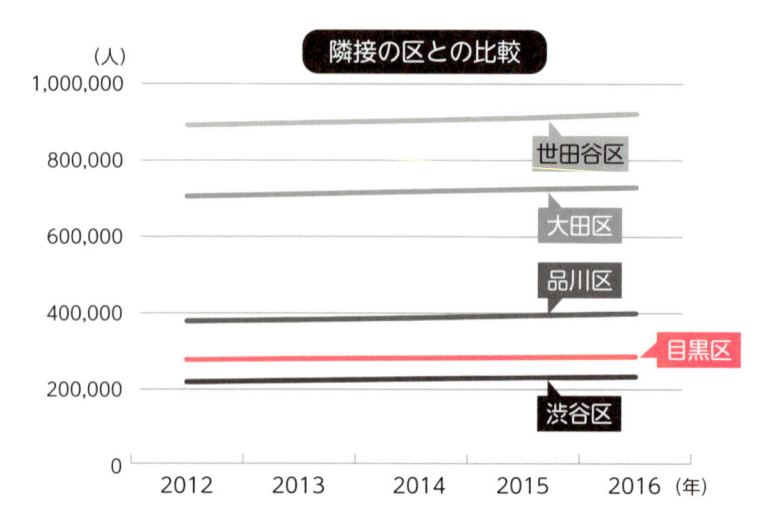

図 10：目黒区の人口推移を隣接の区と比較（出典：東京都の統計）

　大田区、品川区、世田谷区、渋谷区と目黒区を比較したとき、目黒区の人口が下から2番目に位置していることはわかります。しかしこのままでは、実のある結論を導くのが難しそうです。

　参加者から挙がってきたもう一つの観点、「地理的な近さ以上に、人口規模が近い区のほうが、生活環境が近いということが言えるかもしれない。人口規模の観点から近い条件の区と比較することで、目黒区の人口推移の評価ができるのではないだろうか」と考えた結果が、図 11 のグラフです。

　ここでも、比較した区の中では目黒区は下位に属することがわかります。しかしこれでは、それが良いのか悪いのかまだよくわかりません。

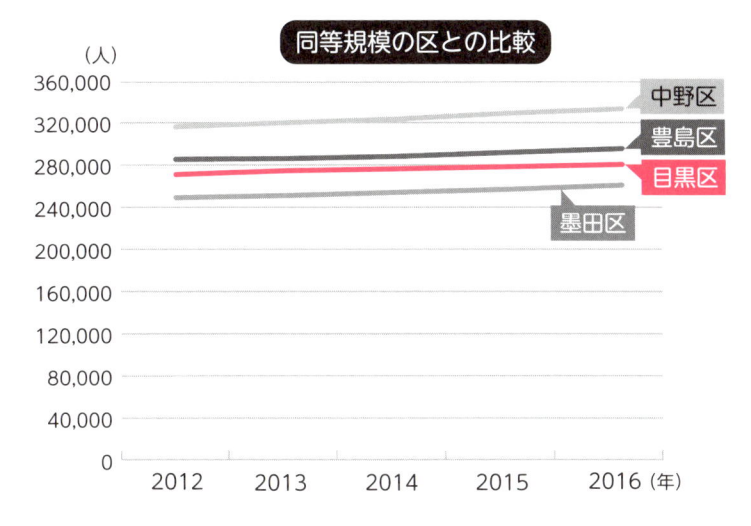

図 11：目黒区の人口推移を同等規模の区と比較（出典：東京都の統計）

　前節の内容を思い出してください。まずは、「何の尺度で評価をするか」を決めることが必要でした。

　ここでは、2012 年から 2016 年の 4 年間での人口の増加率で評価すると考えました。尺度の種類で言えば、推移とも比率とも言えますね。では、どのように比較すれば、その結果をわかりやすく示せるでしょうか。その一例が、図 12 と 図 13 のグラフです。

「これが問題なんです」ってデータでどう言えば良いの？

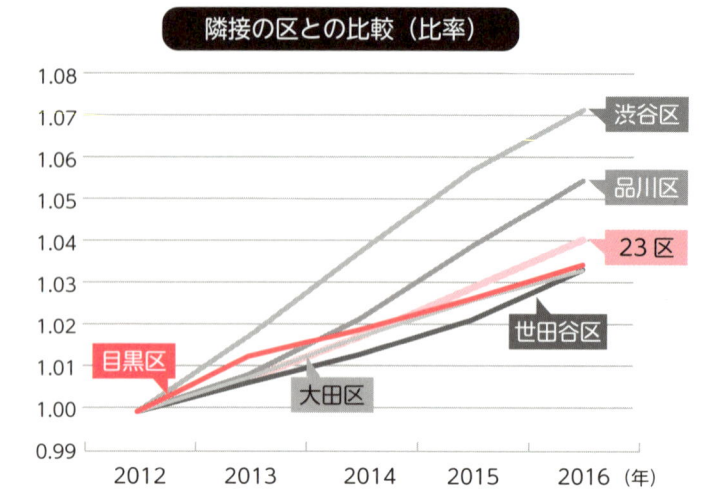

図12：目黒区の人口推移を隣接の区と比較（比率）（出典：東京都の統計から加工）

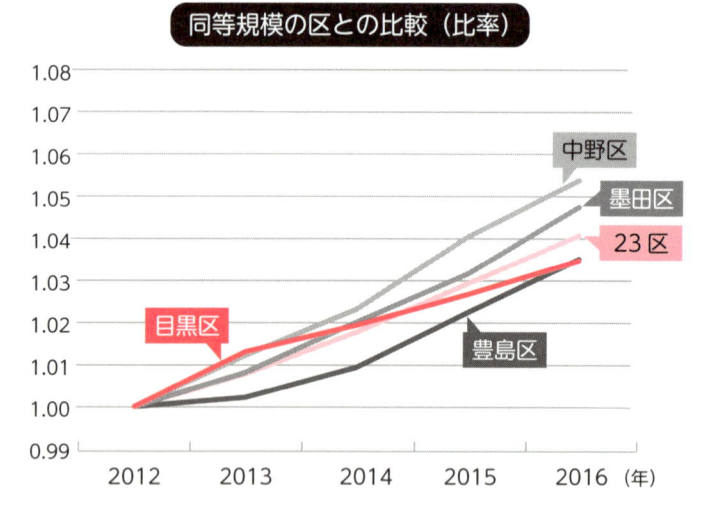

図13：目黒区の人口推移を同等規模の区と比較（比率）（出典：東京都の統計から加工）

2012 年を基点として、そこを 1 （または 100 など）とします。そこからの変化を率で示すことで人口規模の違いを排除し、変化率だけを直接比較することに成功しています。図 12・図 13 では、単に他地域との比較だけでなく、より標準的な比較対象として 23 区全体も入れてみました。

　図 10・図 11 では人口の数字そのものを扱っていましたが、その値が大きいために比較がしにくいという問題がありました。図 12・図 13 のように尺度を比率にすると、このケースではそれが問題にならないようになったことにご注目ください。

　さて、ここまでに見えてくることは、いずれの結果も目黒区としてはその増加率は決して相対的には高くないということです。これを結論として、「問題である」や「悪いこと」と言うかどうかは、その他の背景も含めて慎重に判断する必要があると思います。しかし、比較結果についてはかなりクリアなものが見えたのではないでしょうか。

👥 人口密度を取り入れた例

　人口の比較評価の方法は他にもあります。

　ある地域の人口が多いか少ないかは、その地域の土地の広さが関係することは否定できません。場所があればあるほど、そうでない地域に比べると人が住む場所を確保しやすいはずだからです。そこで、この土地の広さの違いを除去することを考えてみます。

　土地の広さの違いを除去するには、例えば人口を土地の面積で割った人口密度という「比率」の尺度で比較する方法があります。つまり、人口問題を人口密度という面積当たりの人口の密集度合で比較し、どれだけ飽和状態に近づいているのかという観点で評価しようという考えです。

　この「比率」と「推移」の両方の尺度を同時に取り入れた比較が図 14 と図 15 です。

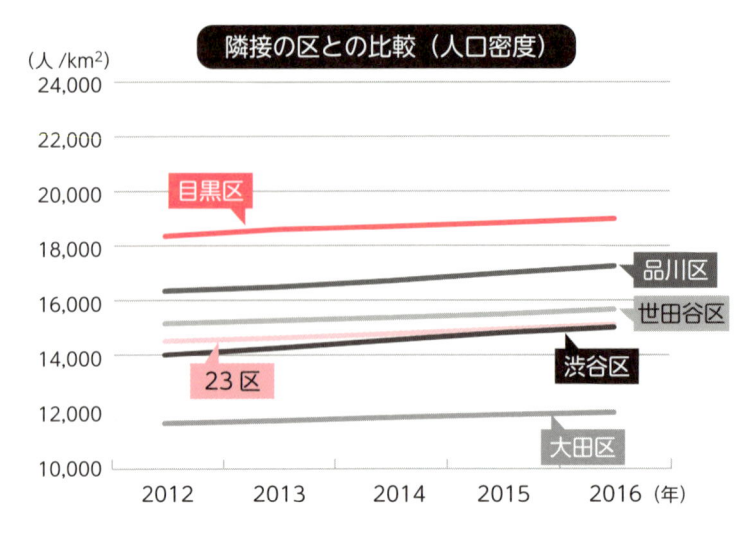

図14：目黒区の人口密度推移を隣接の区と比較（出典：東京都の統計から加工）

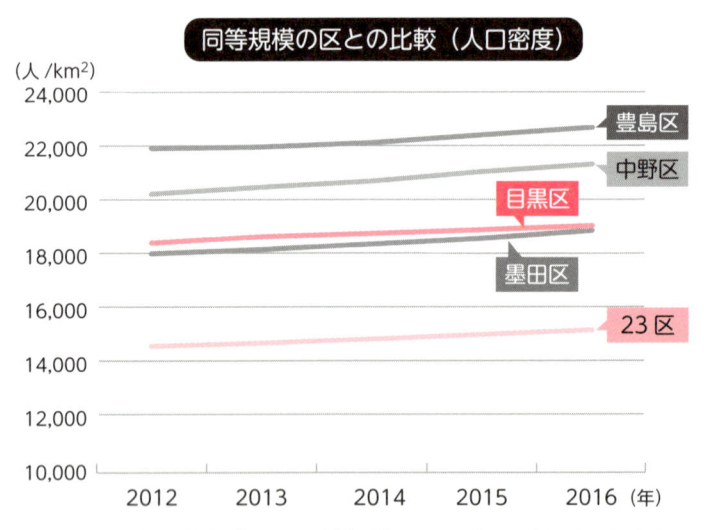

図15：目黒区の人口密度推移を同等規模の区と比較（出典：東京都の統計から加工）

先ほどの人口だけの結果とはまた違った姿が見えてきました。人口密度で見ると、目黒区の値は他の区と比較して決して低くないばかりか、隣接の区との比較では他に抜きん出てトップに位置しています。また、その上昇の傾きは他と比較すると比較的なだらかに見えますね。

このことから、既に目黒区の人の密集度合は高く、他の地域に比べるとその密度が増える要素は相対的に小さい、と推察できそうです。

◯◯◯ 内部比較の例

課題の見方を増やせばそれだけ比較評価のバリエーションも増えます。比較する対象は、何も外部のものだけということではありませんでしたね。

そこで目黒区の内部にも目を向けてみましょう。幸い目黒区は、区内5地域についてのデータも公表しています。

人口の内訳とその推移を示したものが、図 16 のグラフです。

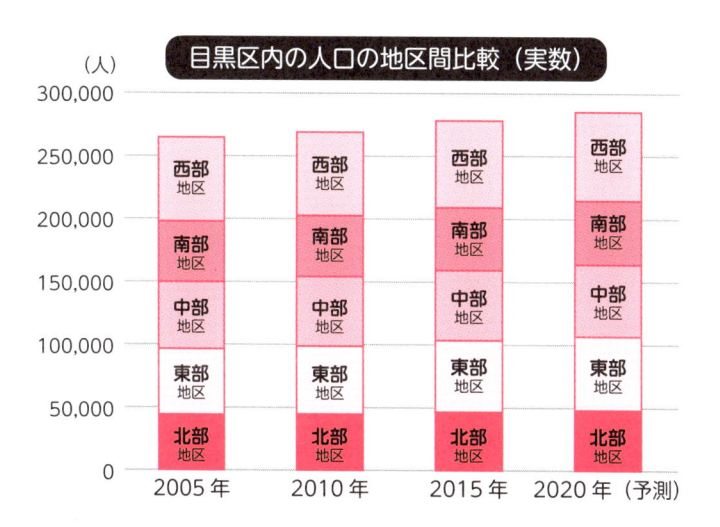

図 16：目黒区内の人口の地区間比較（実数）（出典：目黒区ホームページ）

「これが問題なんです」ってデータでどう言えば良いの？

おそらくこの5地域にも面積や人口規模に違いがあるでしょうから、これまでと同様、増加率で比較したものが図17です。2005年を1としています。

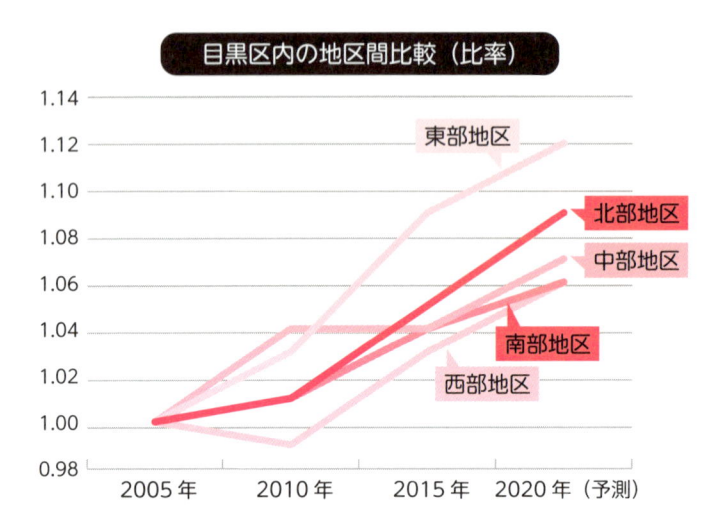

図17：目黒区内の人口推移を地区間で比較（比率）（出典：目黒区ホームページから加工）

その結果、東部地区が他地区よりも人口増加の程度が大きいことがわかります。私自身は目黒区民ではないため、この背景を現実に即して十分に説明できませんが、区役所の方はこの結果について納得されているようでした。もちろん、その背景をさらに説明するのは、どんなデータが必要でしょうか、という問いかけを私からは投げかけておきました。

◖◗◗ 人口問題を切り分けて考える：少子化

さて、少しずつ具体的なものが見えてはきましたが、大元の「人口問題」というテーマはまだ漠然としているところがあり、このままだとなかなか「総論」の域を脱することができないようです。そこで、問題定義のところに一旦立ち返り、図18のように大きくテーマを分けてみました。

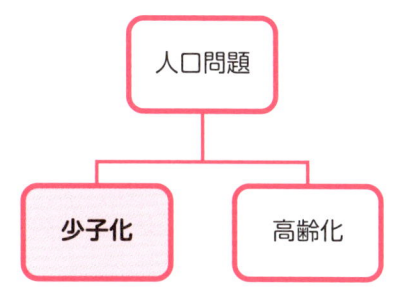

図 18：人口問題について問題を分解した

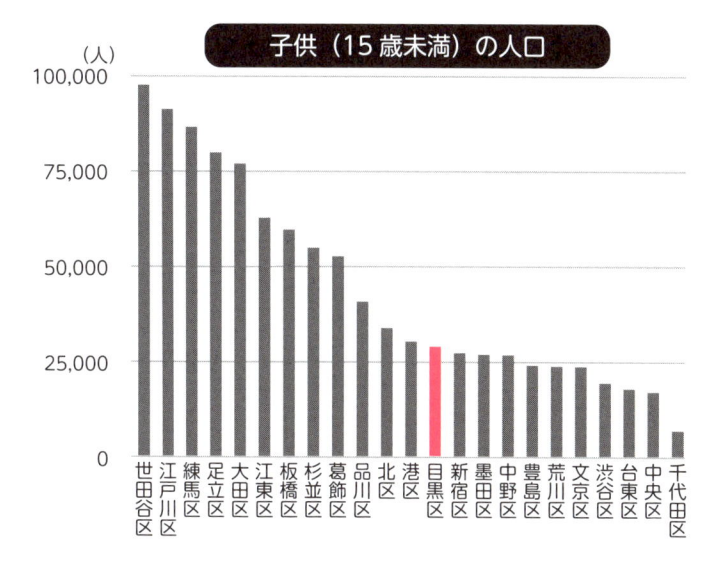

図 19：子供（15 歳未満）の人口比較（出典：東京都の統計）

人口問題のうち、「少子化」について現状把握、比較評価を行ったものが図 19 のグラフです。

まずは、単純に子供の人口比較から行いました。図 19 から、目黒区は 23 区の中では真ん中あたりに位置していることがわかります。ここで終わらずに、どうやってこの問題について掘り進めたら良いでしょうか。皆さんなら、次をどう考えますか？

子供の人数の大小を単純に見たところで、「評価」はできないですよね。

そこで、全人口に占める子供の「比率」を示すことで、その地域の子供は多いのか少ないのかを大まかに捉えることができるのではないだろうか、と考えました。図20をご覧ください。

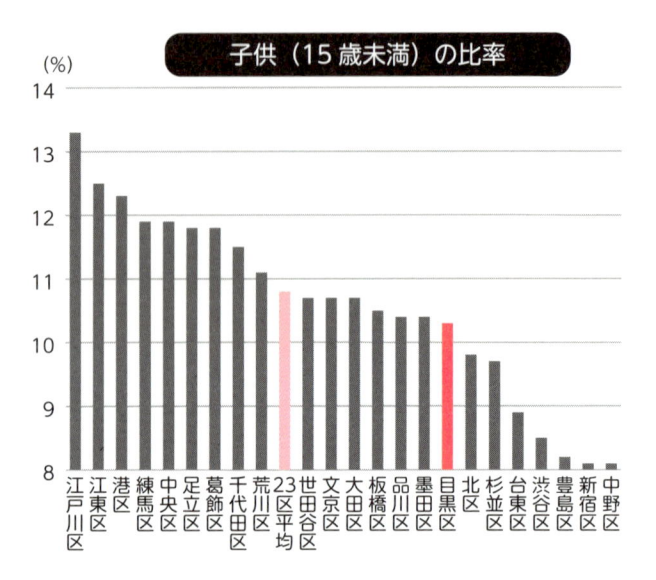

図20：子供（15歳未満）の比率比較（出典：東京都の統計から加工）

比率にしたので23区の平均データも加えました。これによると、目黒区は少なくとも真ん中よりはずいぶんと右側にシフトしたことがわかります。つまり、人口全体に占める子供の割合は決して多くはない地域と言えます。

ここで、比率そのものについて考えてみましょう。子供の比率を考える際、何も「全人口当たり」の算出が全てではありません。一定の空間にどのくらい子供がいるのか、実はこのほうが日常の中での子供の多い少ないといった感覚に近いものが得られるかもしれない、と考えたらどうでしょう。

つまり、面積当たりの子供の人数、子供人口密度というものを作って比

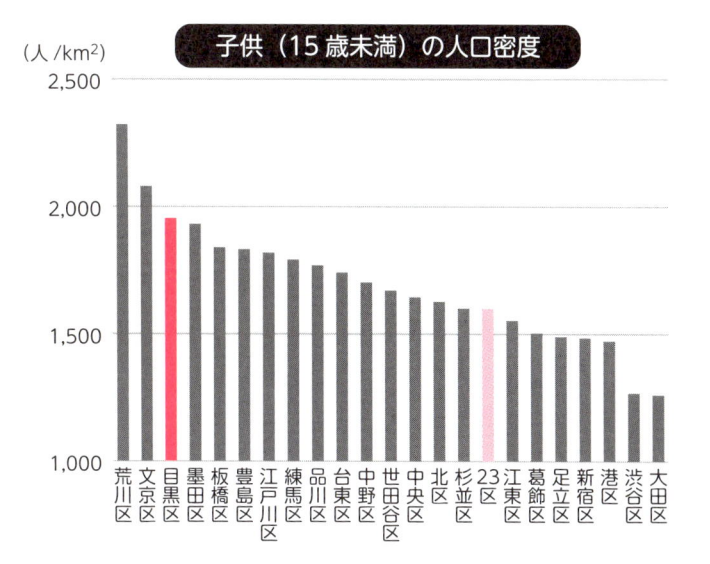

（人/km²）

子供（15歳未満）の人口密度

図21：子供（15歳未満）の人口密度比較（出典：東京都の統計から加工）

較したものが図21です。

　図20とはほぼ真逆の結果になっています。面積当たりの子供の多さでは、目黒区は23区でTOP3にランクインしています。

　先に見た全人口密度による比較結果（図14・図15）と併せて考えると、決して広くはない面積内に多くの人口が密集しているため、子供の人口密度についても同様の結果になったのでしょう（目黒区内には高層マンションが多いため、この結果には頷けます）。

　一方で、その密集した人口の中で子供の割合が高いかと言えば、必ずしもそうではないという現状が図20から見えてきます。目黒区は既にその地域内に多くの人が住んでいて、その伸び率は相対的に高くはありません。おそらくは、住人の多くは子供以外（高齢者を含む大人）の割合が多いという現状が、これまでのデータから確認できました。

🔴 目黒区の人口問題で行ったアプローチ

いかがでしょうか。目の前にあるデータそのもので何とかしよう、何が見えるかいじくり倒してみよう、という発想ではなく、何が見たいか、何が言えそうか、という目的を最初に定め、そのためにはどんなデータをどう見たら良いのか、という順番で複数のアプローチをしてみました。結果を総合的に見て、どんなことが結論として言えるかを考えてみたのです。

やっている内容の一つ一つは極めてシンプル（例えば折れ線グラフを作る）ですが、目的に沿ってデータと見せ方を考え、さらに他の結果と組み合わせることでより立体的で深い結論を導き出せるのです。

🔴- 顧客満足度を扱った例

では、他の例をご紹介しましょう。こちらは民間企業での実施例ですが、自治体を含め、どんな組織にも当てはまるテーマを扱っています。先の人口問題の例では「バラつき」の尺度が出てきませんでしたので、こちらではバラつきにフォーカスを当てた例として紹介します。

世の中には、サービスや商品などに対する、ユーザーやお客様の満足度をリサーチする機会がたくさんあります。アンケートや満足度調査という形で行った結果を、データとして活用しようとしています。

では、次の比較結果によって、ＡとＢの二つのサービスはどう評価できるでしょうか。

(1) サービスＡ：平均満足度　4.1点（5点満点中）

(2) サービスＢ：平均満足度　3.5点（5点満点中）

これしか情報がなければ、誰でも「サービスＡのほうがより高い満足を得られている、（Ｂよりも）良いサービスだ」と結論づけるでしょう。

⚫⚫ 平均ではなく、データのバラつきで見る顧客満足度の例

　では、満足度は本当にその値の大きさの尺度、しかも平均値を用いることだけで評価できるのでしょうか。元のデータの「バラつき」を確認したところ、図 22 のことが見えたとしたらどうでしょうか？

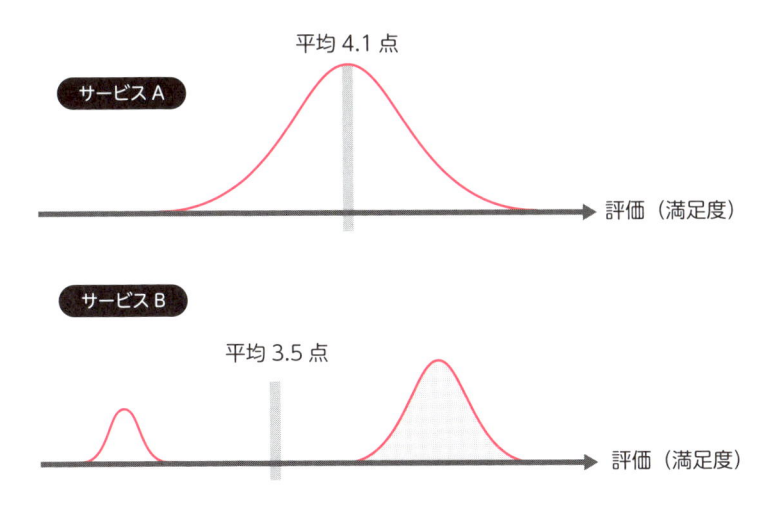

図 22：満足度調査の例のデータのバラつき

　サービス A はほとんどの人が平均点近くの評価をしています。一方、サービス B は、人により極めて高い評価とそうでない評価に分かれています。ただし、極めて高い評価をしている人のほうが人数的に多いです。

　さて、皆さんはこの結果から、二つのサービスの満足度をどう評価されるでしょうか。これも正解はありません。ただし、平均値だけを見て、「サービス A が良い」というのは早計である、ということには気づかれたのではないでしょうか。

⚫⚫ 思い込みを排除してサービスの満足度を測ってみる

　この点については、『FACTFULNESS 10 の思い込みを乗り越え、データを基に世界を正しく見る習慣』（日経 BP 社）というベストセラーの中でも、

人の「分断本能」による落とし穴として紹介されています。

　つまり、人は何でも「良い／悪い」「高い／低い」「大きい／小さい」など、二つ以上に「グループ化」してそのグループ間のギャップに着目しようとします。その際に、その差をクローズアップして示すことがわかりやすい結論につながるため、そうした手法に飛びつきたくなります。

　ただし、それはあくまで作業者や分析者の引いた線によるグループ分けとその差であり、そのグループの特徴を端的に示した平均などの指標は、必ずしもそのグループ全体を表しているとは限らないのです。その指標で表されなかったグループの他の部分は無視して良いのでしょうか。

　ここでの例で考えてみましょう。そもそもグループＡとＢとを分けたのは、分析者が恣意的に引いた線によるものです。「二つのグループの平均には差があります」というのはわかりやすいですが、ではその平均と平均の間に存在する部分は無視して良いのでしょうか？

　例えば、2グループで重なっている部分は、「平均に差がある」という内容でどう説明できるのでしょう？

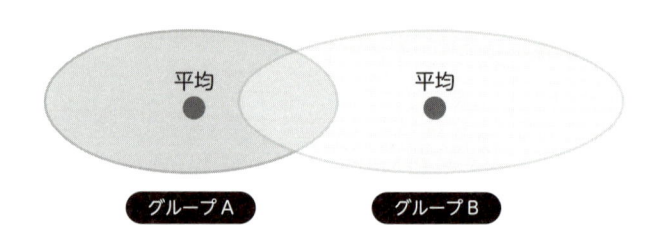

図 23：平均値だけに注目していいかどうかは検討すべき

　すぐに平均点や合計点の大小に目を奪われてしまう人が多いのですが、大事なことは、このような背景を理解した上で、自分の目的や問題に対してどのようなデータの見方が適切なのかを考えることです。

　例えば、高評価をつけた全体の 1/3 の人が全員、4.5 以上のスコアをつけていれば、それは「満足度が高い」とする評価基準を設定することも可能です。その基準においては、図 24 のようなバラつきをしていれば、「満

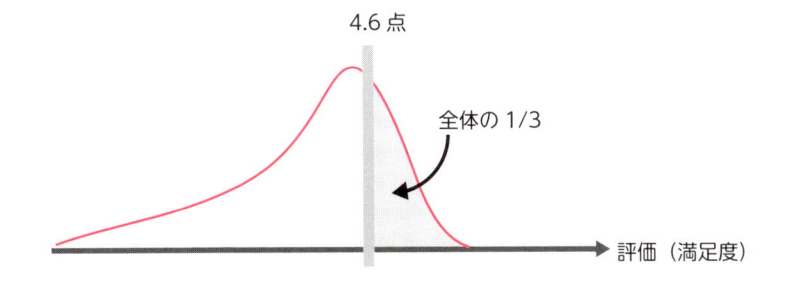

図 24：「満足度が高い」と評価できる例

足度が高い」要件を満たします。

　これと同じ視点で他のサービスとの比較評価をしたいのであれば、高得点上位 1/3 の人の最低点（図 24 の例では 4.6 点）の高い低いで比較しても良いかもしれません。平均点の大小とは違った見方をすれば、おそらくは違った比較結果になることでしょう。

サービスの満足度の測り方を考えてみる

　私は、サービスの満足度を測るには、全員を十把一絡げにした平均値などの計算値ではなく、目的に沿ってフォーカスした数字の見方をするほうがより適切だと考えています。その一例として、先のバラつきを見ることも含まれます。

　一番の理由は、満足度や理解度などの数値（データ）は、そもそもその人の主観や期待に基づいた相対値でしかありません。ある人にとって完璧なサービスであっても、違う期待を持っていた他の人にとっては、その評価は低くなることもあります。でもそれは、そのサービスの内容自体が悪いという評価には必ずしも直結しないからです。ユーザー側の前提の違いを無視して、結果全体を単に計算でまとめた値の大小にどれだけの意味があるのかを考えればわかるのではないでしょうか。

　このように、評価の仕方には様々な選択肢があります。いずれも、目的に沿って選ぶことが大前提です。

◖◗−労働時間・残業時間を扱った例

次の事例に移ります。

仕事の生産性や効率、労働時間の改善などのために残業時間や総労働時間のデータを活用する場面は、民間でも自治体でもあります。その場合、よく行われているのが、部署ごと、部門ごとなどに労働時間、残業時間のデータを比較することです。表4にそのデータの例を示します。

表4：部署別の平均残業時間（時間／月）

A部	B部	C部	D部	E部	F部	G部	H部	...
40.0	42.5	40.5	56.2	40.8	33.8	39.7	37.4	...

◖◗◗ 平均残業時間で見た場合

残業時間はどの組織でも手に入りやすいデータであり、その平均時間を取って、A部は他の部署よりも残業が多い／少ない、といった議論や評価がされがちです。これはこれで事実の一面を一つの尺度で切り取ってはいますが、皆さんはさらにどんな視点が必要だと考えますか？

最初に考えるべきは、やはり「何を問題と考えるか。どのように評価することがこの問題にとって重要か」という点です。それは目の前のデータが無条件に示してくれるわけではありません。

「残業時間を減らしたい」という目的に向かって、「残業時間の現状把握や評価」をどのようにすべきでしょうか。

何も考えずに、各部署の平均残業時間を計算することでわかることは、その部署「全体」を平均した値の大きさに過ぎません。平均値を下げることが本当にゴールなのでしょうか？

もしそうだとすれば、極端な方策として、過大残業時間で苦しむある程度の犠牲者は致し方なしとして放置し、他の人達を毎日定時で帰宅させることで、部署全体の残業時間の平均値を下げることが実現できます。でもそれは本当に目指すところなのでしょうか？

平均を取ってその大小で評価する時点で、この「極端な状況にある個々人を何とかするというよりも、部署全体で均した数値を下げる」という前提に立っていることになります。実際のところ、その前提すら意識せずに、集約したデータの平均値を計算し、棒グラフにして多い／少ないという見方をしているケースが圧倒的に多いのではないでしょうか。

⬤⬤ 目的への適切なアプローチを考える

　より目的を具体化すると、例えば次のようなものが出てくるかもしれません。

(1) 同一部署内における残業時間の、人によるバラつきを平準化したい（その結果、不公平感や一部の人への負荷の偏りを減らしたい）

(2) 部署間の残業格差を平準化したい（その結果、部署間での人員の配置を適正化したい）

(3) 部署内に、一定以上の残業時間を抱えている人をなくしたい（例えば月 50 時間以上をゼロにするなど）

　どの目的で残業時間問題を扱うかの定義によって、どのように現状を把握したり評価したりすべきかが異なります。その結果として、データにどの尺度を当てはめることが有効なのかが決まってきます。

　例えば上記 (1) を目的（問題）と定めたとします。すると、部署ごとの平均残業時間を知ることはほとんど意味をなさなくなります。代わりに、部署内個人間の「バラつき」の尺度が必要となります。

　その結果、次のようなことがわかったとします。図 25 では、最小時間と最大時間を結ぶ縦線と平均値を示す●が、部署ごとに表されています。

「これが問題なんです」ってデータでどう言えば良いの？

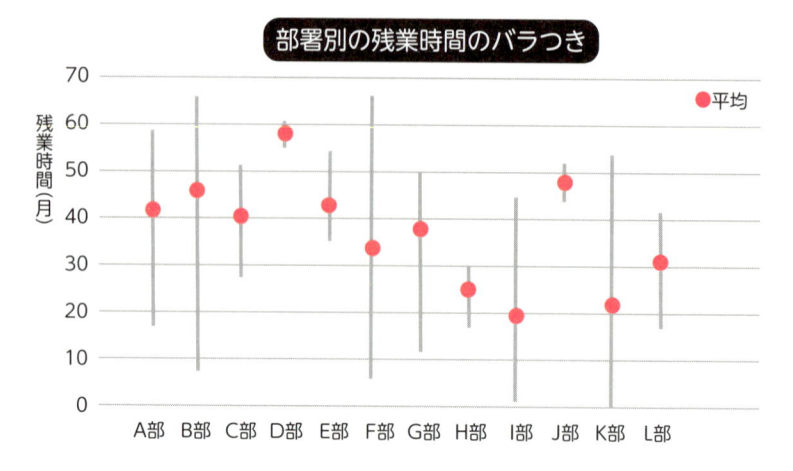

図25：部署ごとの個人間の残業時間のバラつき

　単純に「バラつきが大きいことが問題」とするならば、縦棒の長さが長い部署を問題部署として特定すれば良いでしょう。また、(3) の目的（問題）を考えれば、この情報から、50 時間以上の残業をしている人がいる部署を割り出すことも可能です。

　なお、部署内での残業時間ごとの対象人数はこの図からはわかりません。このため、「部署内の上位半分以上の人が○○時間以上の残業をしていれば問題」のような問題の捉え方であれば、これとはまた違った見方が必要となります（例としてヒストグラムがあります）。

◐－公営施設の利用状況の例

　ここまでに紹介した、表3 にもまとめたデータの特徴を捉える四つの尺度、すなわち「値の大きさ」「推移」「バラつき」「比率」は、必ずしも単独で使う必要はありません。うまく組み合わせることで、一度に多面的な情報把握・比較ができるケースもあります。次の事例で見てみましょう。

　例えば、公営施設の運営管理を担当する行政職の方が、既存の 30 施設の 2 年間にわたる利用者数実績データを使って、来年度の予算の使い途と

その対象施設を判断したいと考えているとします。

　すぐに手に入る既存データが表 5 のものでした。皆さんは、どのように各施設を比較評価し、その結果を来年度の活動計画につなげるでしょうか。

表 5：既存の 30 施設の利用者数（人 / 月）

	昨年度実績	今年度実績		昨年度実績	今年度実績
施設 1	120	264	施設 16	203	151
施設 2	67	53	施設 17	176	168
施設 3	54	122	施設 18	117	77
施設 4	47	99	施設 19	87	68
施設 5	74	78	施設 20	152	199
施設 6	99	37	施設 21	127	68
施設 7	31	77	施設 22	141	146
施設 8	159	142	施設 23	95	227
施設 9	67	43	施設 24	74	30
施設 10	148	160	施設 25	78	70
施設 11	216	135	施設 26	228	141
施設 12	120	174	施設 27	73	118
施設 13	155	175	施設 28	66	48
施設 14	47	95	施設 29	68	106
施設 15	121	188	施設 30	119	128

◯◯◯ 散布図で見てみる

　一番簡単でよくあるのが、この 2 年間の利用実績の平均値を取り、その大小で「よく使われている」「そうでもない」といった評価をすることです。

　ただ、それだけでは、利用実績はわかるものの、今後どうなるかという予測につなげるのは難しそうです。そこで、散布図と呼ばれるグラフの縦軸に 2 年間の利用実績の平均を使って「多くの人に使われているか否か」を表現し、横軸には過去 2 年間での施設利用者数の推移を増減率で示すことで「その施設の人気が上がっているのか、下がっているのか」を表現することにしました。

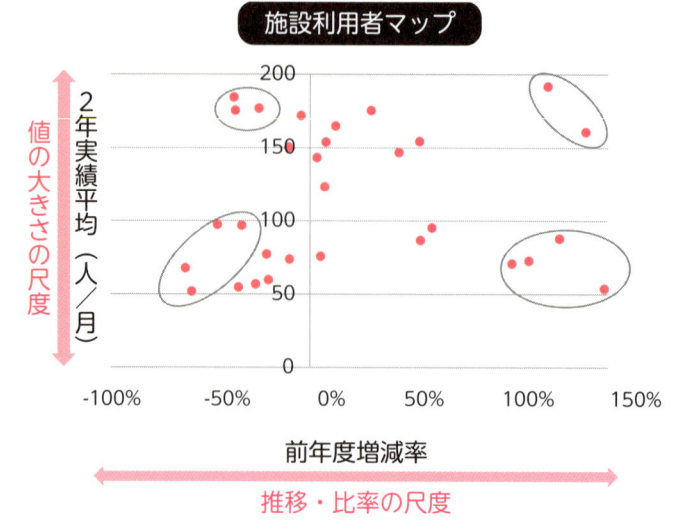

図 26：施設利用者数マップ

⬤⬤⬤ 散布図から読み取れる情報の例

　全体をぼーっと眺めていても何も見えてこないので、四つのコーナー、つまり縦・横軸双方で極端な値を持つグループを特定しました。30 施設全てに予算を使って活動をすることは現実的ではないので、優先度を明確にした上で、対象施設を絞ることにはつなげられそうです。

　結論につなげるための読み方は様々ですが、例えば一例としてこのようなものはどうでしょうか。

■ 左上のグループ
　利用者数は多いが、ここ２年では大きく利用者が減っている。施設の老朽化など人離れの原因を探り、稼働率維持のために改善活動が必要。

■ 左下のグループ
　利用者数も少なく、併せて減少も激しい。予算削減のための施設閉設対象を絞るとすれば、このグループが挙がる。

■ 右上のグループ

利用者数も多く、その増加が著しい。人気施設と呼ぶにふさわしい。今後も利用者が増えることを想定して、キャパシティ確保のための増設や入場制限を設けるなど、対応策を今から考えておく必要がありそう。

■ 右下のグループ

利用者は多くはないが、利用者が大きく増えている。しばらくは様子見で良いだろうが、なぜ増えているのかその成功要因を情報収集して、他の施設の稼働率向上策につなげるのも手であろう。

◯◯- 比較のまとめ

以上、いくつかの事例を使って、次の点を紹介しました。

■ 比較の視点：比較により評価をする

■ 比較のテクニック：目的によって、「値の大きさ」「推移」「バラつき」「比率」の四つの尺度で適切にデータの特徴を捉える

いずれも、難しい分析や統計は不要です。それよりも、まずは自分で目的を考え、それに沿った想定や仮説を作ることのほうが、よほど大切であることがおわかり頂けたでしょうか。

私が行うワークショップでも、「目的や問題を定める」「比較対象とその方法を考える」ことに最も時間と回数を費やします。最初から自分で、全てにおいて完璧を目指そうとすると、うまくいきません。個人でもグループでも、自分のアウトプットを他の人に説明してフィードバックを受けたり、他の人のアウトプットを見ながら良いところ、悪いところを学んだりというプロセスを踏むことで、少しずつこのリテラシーが上がっていきます。

ここまでの内容は、私のプログラムで実施しても多くの人にとって「理

解する」ことのハードルはさほど高くないと感じています。

　ところが、「ではこの内容を自分の課題に対してやってみましょう」となると、一気にハードルが上がる感覚を持つ人が増えます。「理解する」ことと「自分でやる」ことの差を感じる場面です。

　もし、皆さんが自分事としてここまでの内容を実践してみて難しいと感じたり、行き詰まったりした際には、私がいつもお伝えする次のことを「シンプルに」考えてみてください。

　「目の前に、あなたが直面している問題やその背景などについて全く知らない第三者がいると思ってください。その人に、あなたのその問題をデータを使って伝えるには、何を使ってどう見せるとわかってもらえると思いますか？」

　相手が「なるほど！ 確かにそれは問題ですね！」と、そのデータを見て言えば成功です。

　やることはたったそれだけです。でも、現状や問題を客観的に示し、相手に理解されることから全ては始まりますよね。このようにシンプルに考えて自分なりの答えを出してみましょう。

結果だけが言えれば
それで良いの？

〜要因特定力：アクションにつなげる力〜

最終ゴールは「アクション・判断」

　ここまで述べた発想・やり方、すなわちデータから現状把握をしたり、比較によって評価をしたりすることで、多くの情報を多面的に引き出し、提示できることを実感頂けたと思います。

　ところが、まだ大きな問題が残っています。例えば、「ビッグデータ」を用いた「データサイエンス」によって、「このジェラートは気温18.7℃以上、湿度43.92％以上のときによく売れる」ことが、高い精度でわかったとしましょう。果たしてこの情報は、一体あなたにどんな実質的価値をもたらしてくれるのでしょう？　他にもより身近な例として、「売上は3,500万円でした」や「我が街の人口は、X市よりも2倍速く減少しており問題です」といった内容は、確かに「実績表示」や「比較結果」になり得ます。では、それを知ることで一体何ができるのでしょう？

　チームや組織内での情報共有でしょうか？

　それとも役員へ現状や問題点を報告するプレゼンテーションでしょうか？

　そうかもしれません。では、そうした情報共有やプレゼンテーションをした結果、何が達成できる・何を達成したいのでしょうか？

◎－「データ整理」で終わっていませんか？

　「組織でデータが活かされている」とは、その情報によって問題解決のための方策など、何かしらの具体的なアクションが策定されたり、関係者が納得するような合意形成や判断が下されることに他なりません。つまり、そこにまでつながらない情報は、価値がないとは言わないまでも、まだ「ゴールに到達していない」中途半端なものだと言わざるを得ません。

図1：データによる現状把握や評価はゴールではない

ところが実際には、「データを使っている」と言うと、この状態で終了している例のほうが圧倒的に多いのではないでしょうか。

ここで、皆さんの周りにあるデータを使ったアウトプットをできるだけたくさん見てみてください。その情報から「直接」（＝その他の情報、必要以上の想定や解釈を挟み込む必要なく）、具体的なアクションを起こしたり何らかの判断を下したりすることができるでしょうか？

例えば、次のような事実がデータから確認できたとします。

(A) 商品 A の売上は商品 B の売上より低かった

(B) 我が街の人口は 5 年間で 1 割減少した

(C) 今年 8 月は昨年同時期に比べ、宣伝広告費を 5％セーブできた

(D) 今回のイベントは、前回に比べ 10％も多くの人が来場した

それでは、この情報を基に次の問いに答えが出せるでしょうか？

(A) なぜ商品 A は B より売上が低かったのか。どうすれば商品 A は商品 B のように売れるのか

(B) なぜ我が街の人口はこんなにも減少してしまったのか。この流れを緩和できる最善の方法は何か

右余白縦書き：結果だけが言えればそれで良いの？

113

(C) 5%セーブできた一番の要因は何か。それを来年にどう活かすことができるのか

(D) なぜ今回のイベント前回より10%多くの人が来たのか。次回イベントを行う際にはどこに力を入れるべきなのか

　もしこれらの問いに答えが出せず、単なる現状把握しかできていないのであれば、私はその状態をデータ分析ではなく「データ整理」で終わっていると表現しています。すると、「それ、私のことです……」と言いながら、多くの方が苦笑いをされるのです。

◖◗－方策は要因に対して行わないと意味がない、を意識していますか？

　そこで次に必要となるのが、「なぜその結果に至ったのか」や「なぜその問題が起こっているのか」といった、結果に対する要因の特定です。

　図2で示す通り、最終的なアクション、すなわち方策は、問題に対して行うのではなく、その問題を起こしている要因に対して行うべきものです。ところが、ここで要因特定をすっ飛ばし、いきなり方策を思いつきで出しがちなのです。この問題は、「方策君問題」として第5章で詳しく取り上げます。

　例えば、「最近売上が落ちてきた」という「問題」があるとします。

　「ではどうやったら売上が回復するのか」という「問題」に対する「方策」として、次のようなものが挙がるかもしれません。

- 来月キャンペーンを行おう！

- 商品のパッケージを新しくしよう

- ネット上にもっと頻繁に情報を発信しよう

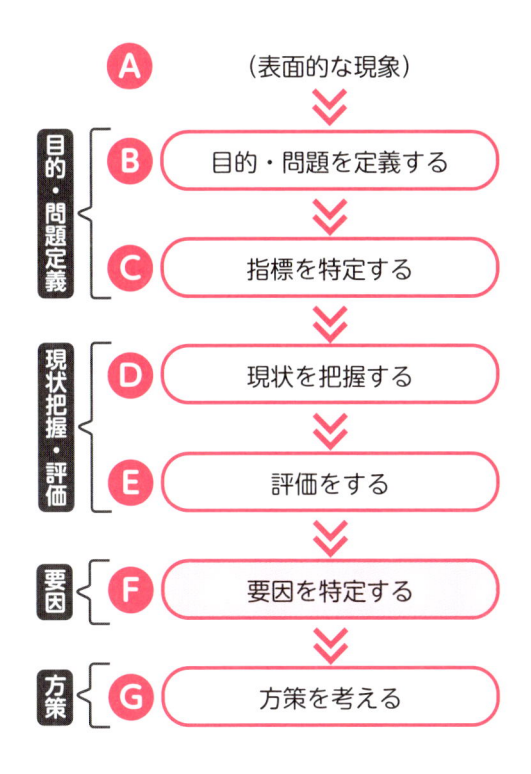

（表面的な現象）

目的・問題定義
- B　目的・問題を定義する
- C　指標を特定する

現状把握・評価
- D　現状を把握する
- E　評価をする

要因
- F　要因を特定する

方策
- G　方策を考える

図2：データ活用のプロセス－要因を特定する－

　確かに、このうちのどれかが効く「かも」しれません。でもそれは当たるも八卦当たらぬも八卦の、言ってみれば「思いつきベースの行き当たりばったり戦略」でしかありません。少なくとも、これらの方策が「データに基づいたもの」とは呼べません。

　本来は、「なぜ売上が落ちたのか」の「要因」が特定されてから、その要因を解決するための方策やアクションが提示されるべきなのです。

　例えば、「最近売上が落ちてきた」という問題の主な要因が、他社が類似品をより安い価格で出してきたことだったとすれば、先ほど挙げた方策を行ったとしても、いずれも空振りで終わることでしょう。この場合は、「売上が落ちた要因としての、他社の低価格類似品に対する方策は何であるべ

> 現状把握はできた。
> 分解・比較して問題点も絞り込めた

で、その後はどうする？
どうすれば「結論」、「提言」につながる？

> その結果に至る、
> 根拠や要因（原因）も示せていますか？

> 結果と要因の「つながり」に
> 着目しましょう！

図3：データによる要因特定のポイントは、結果と要因の「つながり」

きか」を考えなくてはいけません（図3）。

　「売上が下がった」という問題に対して、適切な方策を実施し、その効果と成功率を高めるためには、この問題を引き起こしている要因がわかっていないといけないですよね。ここがポイントです。

　これと同じことが、民間企業だけでなく自治体の諸問題でも言えます。よくある「人口減少問題」や「移住問題」にしても、「何がその要因なのか」まで深く検討されずに、何となく「やらないよりはやったほうが良い」というアイデアが提案されることが多いように感じています。

　限られた財源や時間、リソースの中で「やらないよりはやったほうが良い」というレベルで対応している場合では、もはやないはずです。より効果が見込める方策を客観的に特定し、そこにフォーカスを絞り、最大限の費用対効果を得ることにシフトしなくてはなりません。

　なお、ここではある問題や結果に対して「要因」と表現していますが、もしこれが言いたいこと、すなわち「目的（結論）」に対して言うのであれば、要因をその「根拠」と言うこともできます（図4）。どちらの場合も言いたいこと（結論）を言うだけ、問題や結果を示すだけ、では不十分であることは明白ですね。

本書では、以下、いずれのケースも想定した上で、まとめて「要因」と表現します。

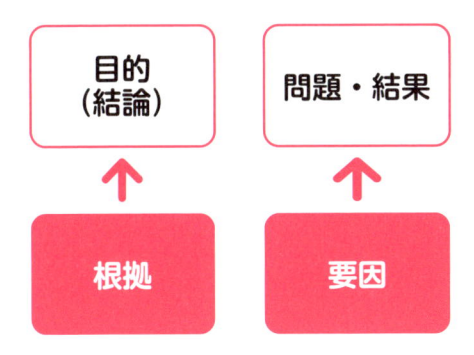

図4：目的と根拠、問題・結果と要因の関係

要因をデータで特定するための
考え方とテクニック

　では、ある問題に対する要因は、どのようにデータで特定できるのでしょうか。

　要因とその結果との間には、必ずつながりがあります。そのつながりをデータで確かめることができれば、データから要因を特定できたと言えるでしょう。まずはどのような要因が考えられるのか、その候補をいくつか考え、想定してみましょう。

●●− 要因候補の挙げ方と指標の特定の仕方

　手順としては図 5 のようになります。この手順に沿って、例を用いて具体的に説明していきます。

図 5：要因をデータで特定するための順序

●●● 事例 1：売上の問題

　最初に、「ある商品の売上が減少した」という問題に対して、その要因の候補を考え、いくつか想定してみます。

　例えば、次のような関係性が思いつくかもしれません。

> 問題：ある商品の売上が減少した
>
> 要因（候補）：競合が値下げ戦略を始めたから

　本来、「要因は一つだけ」ということは極めて稀で、複数の要因を考えてみるべきです。しかし、ここでは話をシンプルにするために、要因を一つだけにしています。

　さて、言うは易し行うは難しかと思いますが、自分の知っている領域（担当業務など）であれば、要因について、ある程度の数を出しやすいでしょう。ただ、自分の思いついたものをなんでもかんでも列挙すれば良いというものではありません。要因の発想法や注意点については第7章で紹介しますので、併せて参考にしてみてください。

　さて、この段階はまだ客観的なデータで確認する前ですので、「これ、本当にそうかな？」や「これに決まっている！」といった主観によって、要因候補の善し悪しを決めつけない（判断しない）ようにしましょう。この段階で、自分の考えが合っている／合っていない、ということに真面目に悩んでしまう人が少なくありません。アイデアの確度合戦をしているわけではないので、柔軟に、気軽に、そして視野を広げて考えてみましょう。

　次に、その要因の内容を示すデータや指標は何であるのかを考えます。この例で言えば、例えば次のようなものが考えられます。

> 要因（候補）：競合が値下げ戦略を始めたから
>
> 指標データ：競合の値下げ率の変化（過去3カ月分）

　ここで、指標データを「競合の値下げデータ」としないことが重要です。なぜなら、これだけでは一体どのデータを集めれば良いか、わからないためです。例えば、ある時点における「値下げ後の価格」の値がいくらかデータで示されたとしても、それと売上の減少という事象との関係性は見えに

くくなってしまうでしょう。

　値下げという「動き」と売上の減少という「動き」の関係を見るためには、それら二つの事象が発生した時間の前後の動きや変化が、最低限わからないといけません。さらに、その動きや変化を示す指標は、値下げ後の価格で見るのか、それとも先の例のように「率」で見るのかなど、いくつかの選択肢があるはずです。どちらが絶対的に正しいというものはないにせよ、自分が知りたい内容や示したい事象によって、より適切な選択肢を考えてみたいところです。

　この例で、私ならもう一歩進んで次のように想定します。

要因（候補）：競合による価格の変更が 1 回だけではなく時間とともに何度も繰り返されている

指標データ　：価格変動の動きと売上の変化との関連性を見たいので、価格の変動率データを使う

　理由としては、価格の値そのものよりも変化させた率で示すほうが、「元の価格に対する変化のインパクト＝お客さんが心理的に実感する変化の大きさ」をより直接的に示せるのではなかろうか、と考えたからです。

　このケースでは、価格の値そのものを使ったとしても結果に大きな差が出ることはないかもしれません。しかし内容によっては、指標のちょっとした違いが結果の精度に大きく影響することがあるので、今、目の前にあるからという理由だけで安易にデータを使うのは避けたいものです。

⬤⬤◯ 事例 2：人口問題

　もう一つ、例を挙げてみます。この要因について、皆さんならどのような指標データを使って示すか、考えてみてください。

> 問題：我が街の人口が減少した
>
> 要因（候補）：高校卒業後、転出し戻ってこない人口が増えたから

高校卒業後、地元に残らなかった人数の合計を年ごとに集めますか？

それとも高校の卒業生全体の人数に対して、地元に残らなかった人数の割合を年ごとに集めますか？

前者であれば、何人が戻らなかったのかという事実確認はできるかもしれません。でも、もし高校生全体の人数が少子化などで減っていれば、「地元に残らない」という影響の大きさを直接的には示しづらいかもしれません。

実際には、複数の選択肢の中からどのデータを使うべきか悩むことがあるでしょう。目的やケースに応じた考え方をすることが原則ではありますが、この時点で明確に絞り切れない場合には、いくつかの指標データを使って、それぞれやってみるのも現実的だと思います。私自身はどちらかと言うと後者（両方やってみる）を実践し、より明確に言いたいことが伝わるほうを優先して使うといった工夫をしています。

データを入手するのが困難な場合

問題に対する要因がいくつか思いつきはすれど、それらを直接的に示すデータが存在しないなど、指標を思い通りに入手できないことも少なくありません。その場合には、次の順番で対応を検討してみましょう。

(1) 類似のデータを考えてみる（精度は落ちるものの、ないよりはマシかもしれません）

(2) 今から集める（時間的な猶予があり、本質的なデータであれば是非検討してください）

(3) 定性的な情報で対応する（アンケートのコメントやヒアリング結果など）

121

(4) 諦める（その部分はやむを得ず個人の想定で補う）

　データで示せることが理想ではありますが、いつも必ずデータを使えるわけではありません。より大事なことは、「要因」を考えるステップを踏んでいるか否かです。

⬤⬤– 問題と要因、その関係性の有無の確認方法

　指標が決まったら、次に要因候補と問題に本当に関係性があるのかどうかを確認します。ここでは、確認のためのテクニックとして二つの STEP を紹介します。

⬤⬤ STEP1：視覚的に関係を確認する

　「二つの指標」の関係性を可視化します。二つの指標とは、問題や結果を示すデータと要因を示すデータのことです。そのため、言うまでもなく問題や結果を示す指標が決まっており、データが入手できていることが大前提です（図2中の C に相当）。

　特定された「問題や結果を示す指標」を縦軸に、仮説として挙げた「要因」候補の「指標」を横軸にした「散布図」を描きます（図6）。すると、縦軸と横軸の関係性を視覚的に捉えることができます。

　散布図に表された内容に対して、どこにどのように着目するかは、目的や背景によって千差万別です。図7のようなものがよくある例です。

　図7を詳しく見ていきましょう。（1）のような散布図になった場合は、データ全体としての傾向を捉えることができます。すなわち、横軸が増えると縦軸が増える関係です。もしこの横軸がメルマガ配信頻度で、縦軸が来店客数であれば、メルマガを一定期間に出せば出すほどお店にお客さんが来る、という構図になります。この関係から、お客さんが最近減った要因として、「メルマガの配信頻度を下げた」と言うことができるでしょう。

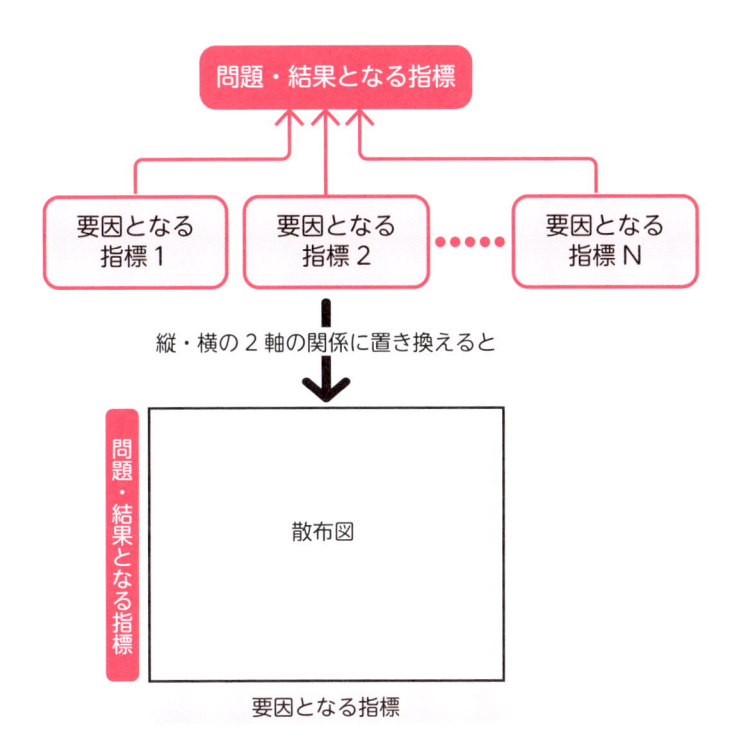

図6：散布図に表してみる

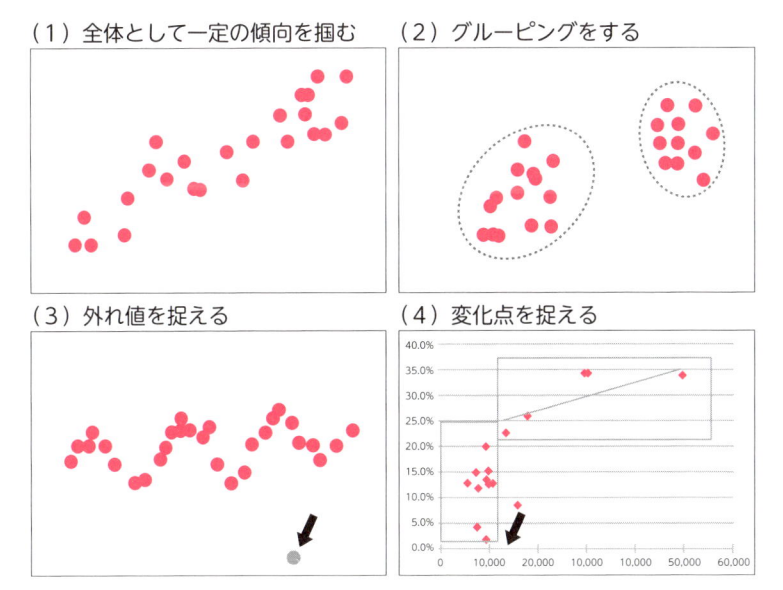

図7：散布図の例

図7の（2）は、（1）のようなわかりやすい全体的な傾向を見い出すのではなく、いくつかのデータによるグループを見い出すケースです。それぞれのグループの特徴や他のグループとの違いを見い出すことによって、結果や問題に対する要因を導き出せるかもしれません。

　図7の（3）は、全体のデータの集合体から、値として大きく外れたデータの存在を確認しています。このようなデータを「外れ値（はずれち）」と呼びます。外れ値があること自体が問題だと考える人が多いですが、そうではありません。外れ値が存在する理由は、ケースによって異なります。単なるデータの入力ミスのこともあれば、他のデータとの収集時期や前提の違いなども原因として考えられます。外れ値の存在理由を特定することができれば、結果の違いを生む要因としての情報が得られる可能性があります。

　図7の（4）は、データ全体を見るのではなく、分岐点に着目している例です。データをグラフ化すると、その全体像に思考を奪われがちです。つまり、「このグラフ（全体）から何が読み取れるだろうか？」という思考です。ですが、グラフを全体で捉えなければいけないというルールはありません。この例のように、途中からその傾向が変わる分岐点があることに気づくことができれば、「この分岐点の前後の違いは何か」に着目し、問題や結果や問題に対する要因特定への足掛かりにすることができるでしょう。

　難しいのは、「どこを分岐点として読むかは、作業者の主観による」というところと、この例のようにグラフ中に線が引いてあれば良いですが、「線がない場合、自分の頭の中で線を引けるかどうか」という点です。いずれにせよ、「手に入れたデータを全て使って、全体を一括で見る」ことだけが選択肢ではないということを、常に頭に入れておくことが大事です。

　実際にはこれらの例のように、必ずしも何らかの明確な関係性が見い出せるとは限りません。むしろ、実務においては明確な関係性が見い出せないケースのほうが圧倒的に多いとも思います。ここで覚えておいて頂きたいのは、「何の関係性も見られない」のも立派な結果の一つ、だということです。関係性がない、つまりは問題や結果の要因とは言えないことがデー

タから特定できたわけですから。

◑◐◑ STEP2：統計指標で確認する〜「相関係数」〜

STEP1の図7で紹介した散布図による視覚化で対応できるケースは少なくありません。さらに図7の（1）の例のように、縦軸、横軸に直線的な関係がある場合、そのつながりの度合を表す統計手法があります。「相関分析」と呼ばれるもので、縦軸、横軸の関係性の度合（より厳密にはどれだけ直線的な関係に近いか）を示す相関係数というものを使います。

縦軸、横軸による指標データの組み合わせが多い場合などは、全ての組み合わせについて散布図を作って確認することは必ずしも効率的ではありません。指標のデータの組み合わせが多い場合には、まずこの相関係数を使った分析を行い、つながりがありそうな組み合わせから手を付けるのも悪くありません。

ただし、データの関係性が全て相関分析によって特定される直線的なものとは限りません。もしも念入りにその関係性を確かめたい場合には、やはり散布図による視覚化をやっておいたほうが無難です。

それでは、相関分析で使う「相関係数」についての説明をします。なお、後述するコラムでExcelの関数を用いた例を紹介しています。業務でExcelを使う方は、そちらも参考にしてください。

相関係数は－1から＋1の間の値を取り、その値によって二つの指標の関係性（ここでは問題や結果と要因とのつながりを確かめて、要因を特定することが目的でした）を確かめます。

その値の読み取り方は、厳密なルールはないものの、経験則としておおよそ図8のような解釈が一般的です。

- ■ −1 ～ −0.7：強い負の相関

- ■ −0.7 ～ −0.5：負の相関

- ■ −0.5 ～ +0.5：相関がない・弱い

- ■ +0.5 ～ +0.7：正の相関

- ■ +0.7 ～ +1：強い正の相関

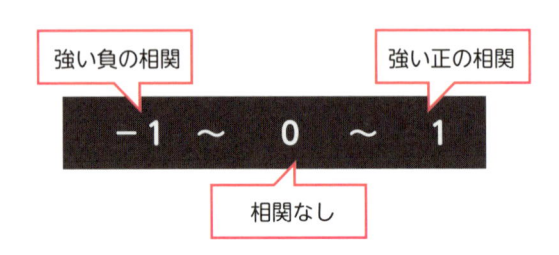

図8：相関係数の考え方

　「負の相関」とは、一方の指標の値が増えると、他方の指標の値が減るという関係性を示し、「正の相関」とは、双方の指標の増減の向きが同じであることを示しています。例えば、「プロモーション費用を増やすと、来店客が増えた」というケースにおいては、プロモーション費用の額と来店客数の間に「正の相関」がある、と言えます。一般的な実務においては、これらの5段階のしきい値を厳密に適用しなくても、「相関あり／なし」がある程度の精度で言えれば十分であるケースが多いと感じます。

　なお、使うデータの数や条件によって、相関係数の精度には大きな差が出ます。先ほど示した相関係数のしきい値とその考え方も、あくまでも目安として考えておくと良いでしょう。

◯◯◯ 相関分析の他の例

　図9でSTEP1とSTEP2の結果を組み合わせた他の三つの例を参考までに見てみましょう。

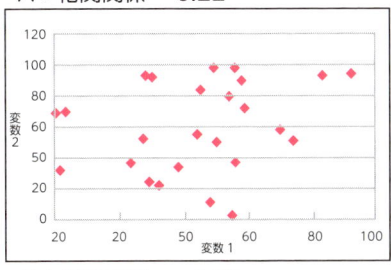

A：相関関係 = 0.22

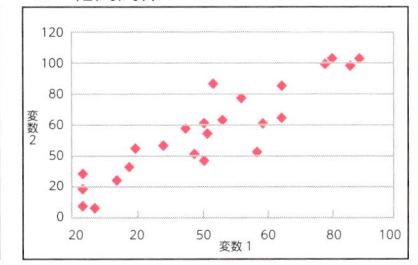

B：相関関係 = 0.91

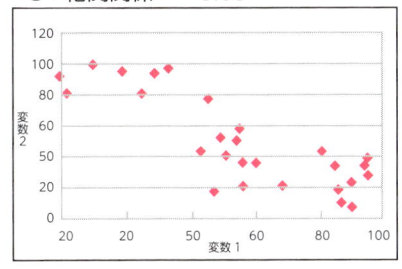

C：相関関係 = −0.83

図9：いろいろな相関分析の結果（例）

　図9のAを見てみましょう。この二つのデータ間の相関係数は0.22と相関の弱い値が出ており、グラフから、縦軸・横軸の関係性が視覚的にもないことがわかります。相関係数とグラフの結果が一致していますね。

　Bは、縦軸、横軸の増減の向きが同じで、直線的な関係性が視覚的に確認できます。相関係数の値からも強い正の相関関係が示されています。Cは、負の相関関係が確認できますね。

　ここまでくると問題や結果と要因との関係からストーリー性が生まれ、「データ分析をやっている感」が一気に出てきます。私が考える「データ整理」の領域を卒業し、「データ分析」をしっかりやっていると言えます。分析結果を見せられるほうにとっても、その納得度がぐんと高まります。

　相関分析や相関係数は広く知られるようになりましたが、必ずしも伝える相手も知っているとは限りません。そのような場合、「相関分析の結果、……」や「相関係数がXXでした」という説明は、相手に対して親切なものとは言えません。相関についての説明に加え、併せて散布図で視覚的に示

すことが相手の理解と納得度をより高める手段となることも知っておくと良いでしょう。難しい分析ではありませんので、高校生からでもこの思考と分析ができるようになって欲しいところです。

　大事なことは、散布図や相関分析の計算結果を出すことではありません。データを扱うときに、次の質問を自問自答してみてください。その上で、どこまで自分はやっていて（できていて）、次に何が必要なのか、をよく考えてみること。この思考プロセスが、方法論や統計理論などよりも、データ活用リテラシーとして極めて大事なのです。

- 実績や結果の表示だけで終わらせていないかな？

- この結果を見れば具体的なアクションや判断につながるかな？

- 問題や結果に対する要因について考えられているかな？

Excel の関数を使って相関係数を求める

ここでは Excel の関数を用いて相関係数を求める例を紹介します。

図 10 の例は、「来店者数」という問題や結果に対する、「広告宣伝費」という要因（候補）との相関分析を行ったものです。実際に分析に使っているデータは「広告宣伝費」の実績と「来店者数」の二つです。この二つのデータを、Excel の関数の一つである CORREL 関数に当てはめて結果を表示しています。

この例では、0.94 という強い正の相関が見られます。よって、次の結論を導き出すことができます。

- 広告宣伝費を増やせば、来店客数が増える
- 来店者数が減った要因として、広告宣伝費が少ないことが挙げられる

確認のため、二つの指標の関係を散布図で可視化したものが図11です。強い正の相関があるため、右肩上がりの直線に近い結果を確認できました。

◢	A	B	C	D	E	F	G	H
1								
2								
3	商品名	月	広告宣伝費	来店者数	相関件数			
4		4月	3,004	2,295	0.94			
5		5月	3,982	5,928				
6		6月	279,284	20,399	=CORREL(C4:C15,D4:D15)			
7		7月	198,374	11,245				
8		8月	10,492	4,567				
9	商品A	9月	78,938	8,673				
10		10月	70,293	6,394				
11		11月	69,283	7,124				
12		12月	54,900	4,958				
13		1月	112,938	8,256				
14		2月	116,823	7,982				
15		3月	93,847	6,504				
16								

図10：Excelを使った相関分析の例

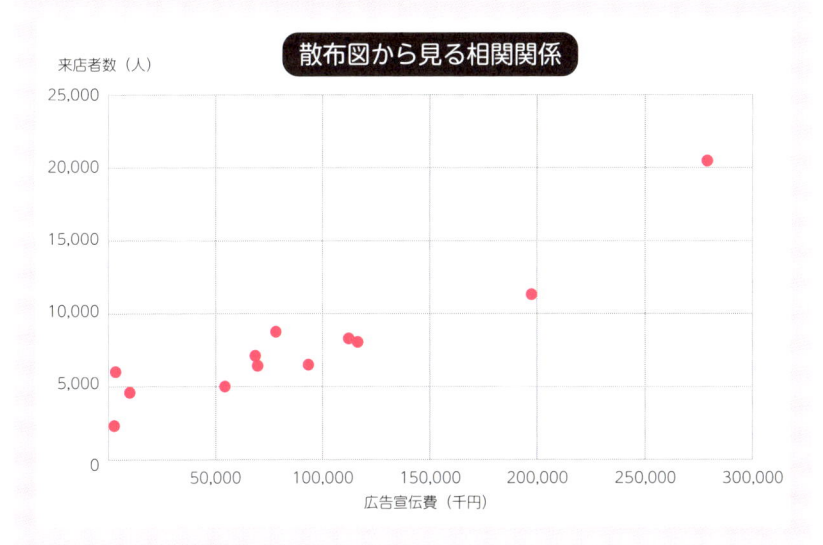

図11：広告宣伝費と来店者数の関係

◐◑−散布図と相関係数を用いた分析事例

では、ここまでの内容を活用した事例を一緒に見てみましょう。これらは、私が地方自治体で、実際のデータを使って現実の問題について参加チームに取り組んでもらったものです。ただし本書では、数値などは実際のものではなくダミーを使っています。ここまでの内容を理解した自治体職員の方達がどのような工夫を凝らして自分が求める結論を出し得たか、参考にして頂ければと思います。

データ活用のポイントは、（1）どのような二つの要素のつながりに着目し、（2）どのようなデータを使い、（3）その結果をどう解釈したか、の三つです。是非、その観点で事例を見てください。

◐◑● 事例1：労働力不足は業績に影響を与えているのか

「地域経済の活性化のため、経済に影響する要因を特定し、その要因にフォーカスした施策を打つべき。そのために、その要因が何なのか、データで客観的に突き止めたい」

このような目的から分析は出発しました。最初に挙がった発想が、地域企業各社の業績の善し悪しの要因として「労働力不足」が挙げられるのかどうか。もしそうであれば、労働力不足解消に向けた施策を推進することで地域経済の活性化に貢献できるのではないかと考えました。

データは業界ごとのものを使い、各業界の業績を示す指標として BSI（Business Survey Index：自社業況）というもの使用しました。また、既に入手済みであった労働力不足を感じる割合のデータを、もう一つの軸として組み合わせてみることにしました。

当初の仮説としては、「労働力不足が起こっているほど、業績に問題があるはず」というものでした。実際にデータを集め、散布図に描いたところ、図 12 のような結果が出ました。

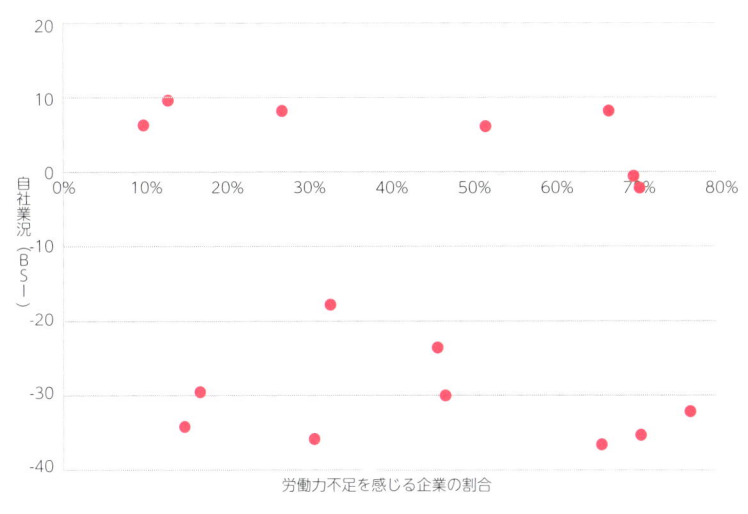

注）各点はそれぞれの業界平均を示しています

図 12：事例 1 の散布図・その 1（データはダミーで実際のものとは異なります）

　見るからに縦軸、横軸の間に「相関なし」であることが明白です。実際に相関係数を計算したところ、やはり−0.12 と「相関なし」を裏付けました。

　当初、分析チームはここで「双方の間に関係なし」という結論を出して、分析作業をストップしてしまいました。確かに、関係がないことはデータからわかったのですが、では次にどうするのか、というところで壁にぶち当たってしまったのです。

　そこで私が出したアドバイスが、「相関関係だけが全てではありません」「両者の間の関係を違う角度から見て、共通項を探り出すのはどうでしょうか？」というものでした。

　そこで次の回で出てきたものが、図 13 の散布図です。一旦、全体を直線関係の有無で判断する相関関係のことは忘れ、全体を四つの部分（象限）に分けて、それぞれの特徴を探ってみました。結果として、全体を次の 4 グループに分類したのです。

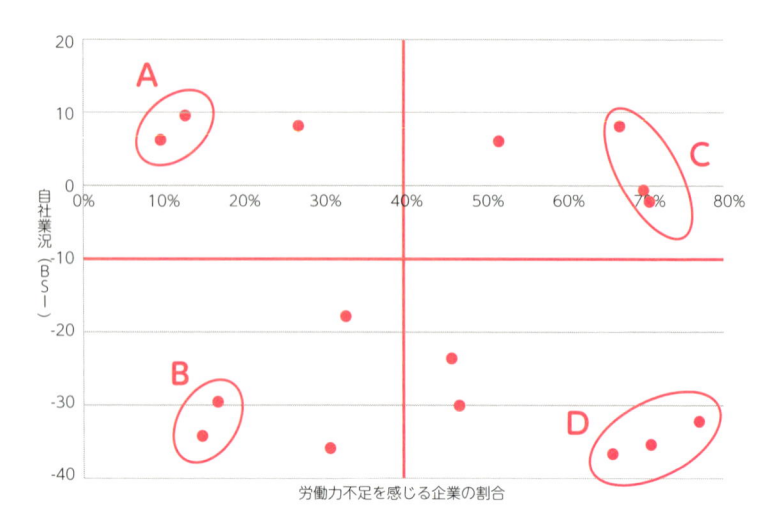

図13：事例1の散布図・その2

- ■ Aグループに属する業界は、労働力不足感は低く業績も高い

- ■ Bグループに属する業界は、労働力不足感が低いにもかかわらず業績が低い

- ■ Cグループに属する業界は、労働力不足感が高いにもかかわらず業績が高い

- ■ Dグループに属する業界は、労働力不足感が高く、業績も低い

　ここからCグループの共通項を特定し、その共通項から導かれる成功要因をDグループに活用できないか、またBグループに共通する問題点は何かといった、どの業界に対して何をフォーカスして施策を打つべきか、さらに掘り下げるとすれば何が必要か、という結論につなげることができました。

　相関のある／なしはあくまでも途中経過、手段でしかありません。手段にとらわれ過ぎずに、意味のある結論につながるまで、粘り強く縦軸と横軸の関係性を考え抜いた結果です。

⬤⬤ 事例2：消費者被害センターの一層の活用を実現するには

消費者被害の相談を受け付けるセンター（以下、センターとします）を
もっと市民に利用してもらい、より一層役立てたいという目的がありまし
た。ところが一体どうすればセンターの活用度がもっと上がるのかは、客
観的にわかっていませんでした。

そこで、一般市民がセンターにたどり着くまでのプロセスに着目し、ど
のプロセス間に歩留まり（ボトルネック）があるのかを相関関係から見い
出そうとしたのです。何度か仮説とデータ検証を行った結果、次の二つの
点について発見がありました。

まず、全体のプロセスを図14のように考えました。

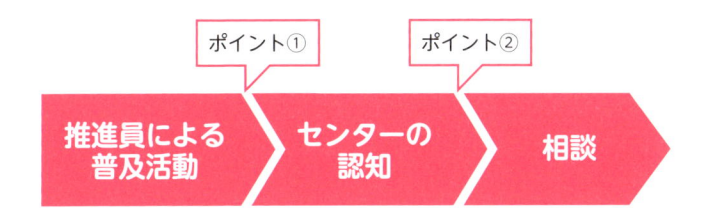

図14：事例2で考えた全体のプロセス

地域にいる推進員による市民全体への消費相談に関する普及活動があ
り、その活動により一般市民がセンターについて認知し、その結果として
実際の相談につながるというプロセスです。

三つのプロセスそれぞれの間にボトルネック（図14中のポイント①と
②）が生じると結果として最終段階である相談にまで至らず、センターの
機能が十分に活かされなくなるのではないか、という発想です。

そこで、次のようなデータを指標として地域ごとに集めました。

（A） 推進員の人数

(B) 認知度に関するアンケート結果（「ア　場所や役割まで知っている」＋「イ　名前や役割は知っているが、場所は知らない」と答えた人の割合）

(C) 相談件数（人口 1,000 人中の件数）

　これらのデータを用いて、それぞれのデータ間の相関を調べたところ、次のような結果になりました。

- ■ （A）－（B）間の相関係数：0.8（図 15・ポイント①）
- ■ （B）－（C）間の相関係数：-0.1（図 16・ポイント②）

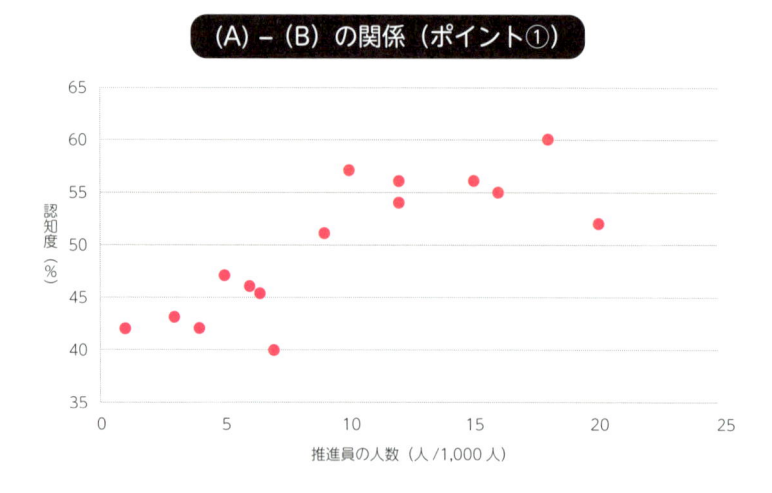

(A)－(B) の関係（ポイント①）

図 15：事例 2 の散布図・その 1

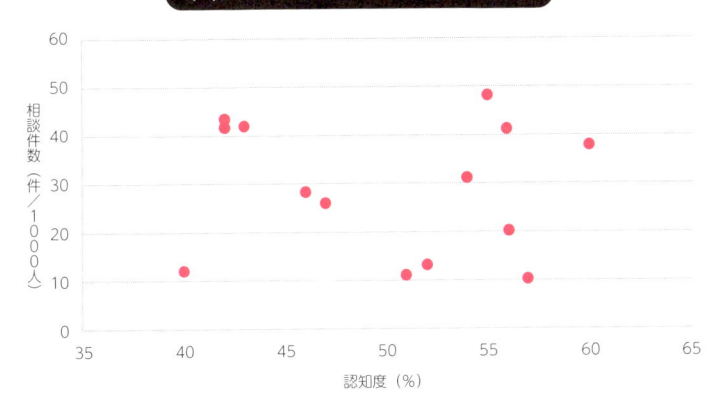

図 16：事例 2 の散布図・その 2

　(A) － (B) の間に強い相関関係が見られるという結果から、次の結論を導き出しました。

■ 推進員がより身近にいる（数が多い）ほど、センターの認知度が上がる

　さらに、認知度に関するアンケート結果を少しアレンジして、（「ア　場所や役割まで知っている」＋「イ　名前や役割は知っているが、場所は知らない」と答えた人の割合）から、（「ア　場所や役割まで知っている」と答えた人の割合）に絞った形で同じ分析をしてみました。その結果が図 17 です。

(B)' 認知度に関するアンケート結果（「ア　場所や役割まで知っている」）

　すると、図 16 における相関係数 −0.1 が、認知度に関するアンケートの範囲を変えたことによって、0.8 に大きく変わりました（図 17）。

135

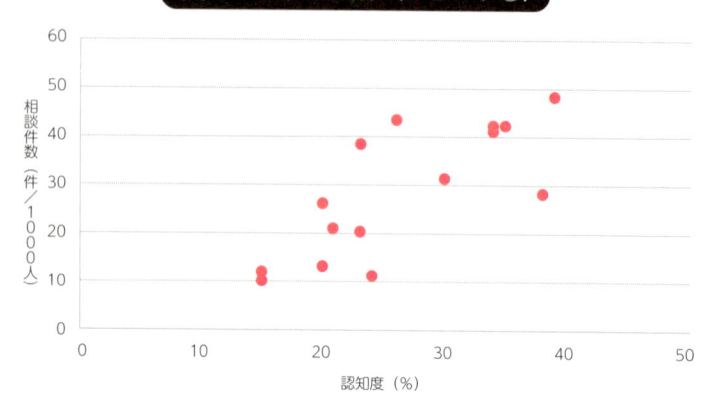

図17：事例2の散布図・その3

図17 の結果から、次の結論を導き出しました。

> （図16 の分析で（B）−（C）間の相関がなかったことから）セン
> ターの名前や役割を知っているだけでは、相談まで結びつきに
> くいが、（図17 の（B）'−（C）間で相関があったことから）セン
> ターの場所まで知っていれば、相談に結びつきやすい。
> ※ ここでは、図16 と図17 それぞれにおける（B）の定義（範囲）
> を変えて分析を行っていることにご注目ください。

これらの結論を通じて、次のような施策案がまとまりました。

■ センターの認知度をさらに上げるために適所に推進員の人数を増やす
（図15 の結果から）

■ 広報戦略として、センターの存在を知らしめるだけでなく、センターの
場所がしっかりと伝わるものを作り上げる（図16 と図17 の結果の差か
ら）

プロセス間のボトルネックに着目したり、データの前提を変えた分析結果の差に着目したりするなど、問題に対する柔軟な発想や着眼点は、何もこのケースのように行政業務に限ったものではありません。民間企業も含め、どのようなプロセスでもこの相関を応用した考え方は通用します。要は、

何と何の関係がわかると何が言えるのか

を意識する必要があるということです。

　このことを目的や仮説としてしっかり考え抜き、視野を広げて様々な角度から可能性を見つけ出すことが、要因特定のためのデータ活用リテラシーなのです。そのためには、（データ有りきではなく、目的思考で）トライアンドエラーを繰り返しながらも経験を重ね、徐々にスキルを向上させていく必要があります。

　ここで紹介した事例も、そのようなスキルを積むプロセスにいる、普通の職員の方達によるアウトプットの一部です。皆さんも、時間をかけてじっくりとスキルを向上させていきましょう。

知っておきたい注意事項

　相関分析をはじめとする「関係性」を探るときには、いくつかの注意点があります。ここでは、陥りがちな、しかも結論を出すにあたって重要なポイントについて紹介します。

◎◎- それが直接的なつながりなのか、間接的なものなのか

　データ上は一見関係性があるように見えても、実際にはその二つのデータには直接的な関係がない、というケースがあります。そしてそのケースは決して少なくありません。

　例えば、来店者数とあなたのお店の Web サイトの更新頻度との相関を見たところ、高い相関が確認できたとします。当然、散布図で可視化してもその関係性を確認することができるでしょう。

　ところが、例えばその二者の間に「Web サイトを訪問したあなたのお店の近所に住む発信力のあるブロガーが、あなたのお店の Web サイトの更新頻度を上げたタイミングでたまたまその Web サイトを目にし、あなたのお店について書いた記事が広まった」ことが中間要素として入っていたとします。確かに、Web サイトの更新頻度は全く関係ない、ということではなく、間接的に来店者数増という結果には影響しているかもしれません。

　しかし、その発信力のあるブロガーの存在に気づかず、分析結果を見て「それならば」と、さらに Web サイトの更新頻度を上げたところで、再度そのブロガーに取り上げられなければ、思ったような成果は得られないでしょう。

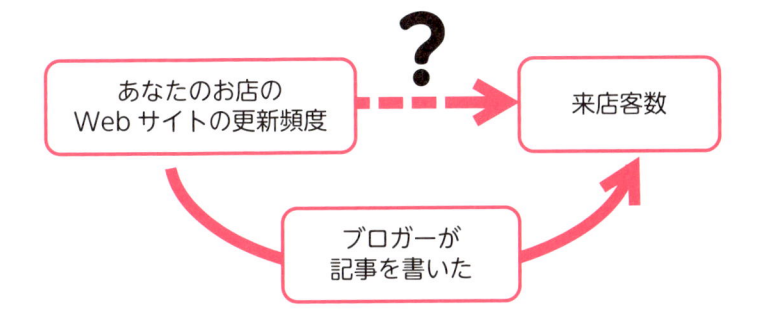

図 18：データの中に答えはありますか？

　問題は、この「ブロガーが記事を書いた」ことは自分が今見ているデータからは直接気づきようがない、ということです。実は、これが第 1 章で触れた「データの中に答えなんてない」の事例の一つです。

　「データを探ればその中に答えが入っているはず。それを見つけ出そう」という発想を一旦リセットし、データを見る前に、そもそもどういう可能性があるのか、を考えることが求められます。それでも 100% の事実がわかるわけではありませんが、「データ有りき」に比べれば、その違いは大きいでしょう。

要因は一つとは限らず、複数、複雑かもしれない

　多くの事柄は、結論と要因との 1 対 1 の関係性だけでは説明できないと考えられます。来店者数という結果について考えてみても、Web サイトの更新頻度だけが、その増減の要因とは考えにくいでしょう。

　ところがたまたま手に入ったデータが「Web サイトの更新頻度」で、それを使った結果、明確な相関関係が見い出せたとたんに、「お！ここに要因があったんだ！」と、それ以上の思考を止めてしまいがちです。しかし、よほど単純な関係性でない限り、一つの要因だけで説明し切ることはリスクが伴うと思っていたほうが無難です。リスクを回避するためにも、考えら

れる要因について自分の思考をできるだけ広げることが、データ活用リテラシーの基本として必要となります。

この点についての詳細は、第7章で紹介します。

◖◗ー直線的ではない関係性も存在する

相関関係の定義を思い出してください。相関がある（高い）とは、二つのデータの関係が「直線的」であるかどうか、ということでした。この考え方はシンプルでわかりやすいという利点がありますが、世の中の関係が全て直線関係で成り立っているわけではありません。

例えば、図19のような関係も存在します。

図19：直線ではない関係の例

図19に示すいずれのケースも何かしら縦軸と横軸の間に関係性がありそうですが、決して「直線的」な関係ではありません。この場合、相関係数の値（絶対値）は大きくならず、分析結果としては「相関なし」ということになります。でもそれは、必ずしも両者に「関係性がない」ことを意味しません。

このようなケースがあるため、単に相関係数を出すだけでなく、散布図で可視化することをお勧めしています。また、このような複雑な関係をあえて相関分析と絡める場合には、全体を部分部分に区切って、その範囲内での相関の有無を確かめるという選択肢もあります（図20）。

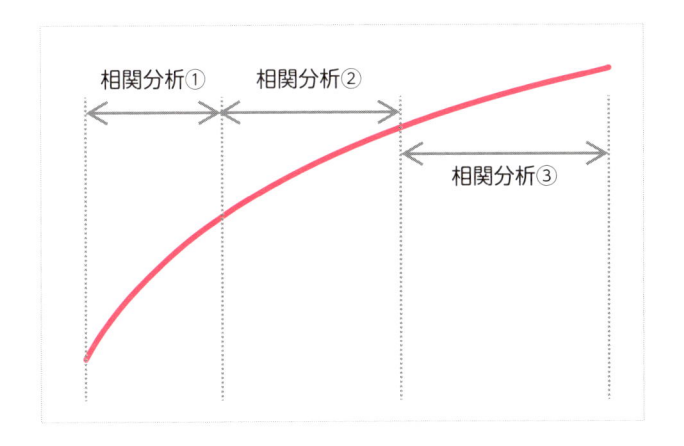

相関分析① 相関分析② 相関分析③

図 20：全体を区切って分析する例

　ただ、私の経験上、あまり凝ったことをし過ぎると、「何とか数値上の結果を出したい」という手段とゴールが入れ替わった状態に陥ってしまい、報告する相手に「何をやっているのか（やりたいのか）」がシンプルに伝わらず、理解を得られないという結果になりがちです。

　わかりやすさを求めるのか、計算上のより高い精度の結果を求めるのか、その上手な落としどころを見い出すことも、データ活用リテラシーに必要なスキルの一つと言えるでしょう。

◯◯− 相関関係は因果関係を示さない

　先に紹介した事例にも言えることですが、そもそも相関分析の結果は「因果関係」を表していません。単純に、「直線的な関係にあるかどうかだけを見ている」という点には、注意が必要です。「相関がある」という結果は分析で出ますが、両者の間に「因果関係」があるかどうか、そしてどちらが結果でどちらが要因なのかは、分析者の「解釈」になることに注意しましょう。

　言い換えると、その解釈が間違っていると、本来の因果関係とは逆の結論を出してしまうリスクがあります。業務で結論を出す場合には、因果関

係を述べられないと結論として成立しないことが多いので、この点には十分注意を払いながら進めましょう。

　その他、特に分析テクニック上の注意点や実務課題に応用する際の目の付け所など、細かい注意点は他にもありますが、それらは本書の範囲を超えるため、割愛いたします。ここでは、分析を進める上で特に重要なポイントに絞って紹介しました。分析の注意点についてさらに勉強したい方は、是非他の拙著などをご覧頂ければと思います。

世の中「方策君」ばかり

～全体構成力：ストーリー（論理）を組み立てる力～

増殖しがちな「方策君」とは

　ここまでの内容で、実はデータを活用するためには、その基盤として論理思考が欠かせないという、本質的なことを理解頂けたのではないでしょうか。

　ここで言う論理思考とは、個々のデータや分析に対するものだけではありません。全体のストーリーを盤石なものとし、結論の説得力を高めるための思考力や構成力が必要です。これがうまくできていないと、たとえ質の高いデータが大量に手に入り、データの扱い方や方法論が完璧だったとしても、相手の納得は得られないでしょう。どうして納得してもらえないのか。それは、全体として筋が通っていないからです。

　第2章で、目的や問題を定義する際、「問題」が定義されているのではなく、その中に「要因」や「方策」が混ざってしまっていることが多い、と言いました。ここではどうしてそれがストーリー全体としても問題になるのか、詳しく見ていきます。

◖◗－問題解決のプロセスを再確認する

　まずは、図1でこのことを再度確認してみましょう。

図1：目的・問題定義の際に意識すべき三つの要素（第2章・図4を再掲）

　図1は、一般的な問題解決のプロセスを最も単純化した形で示しています。原則として三つの各プロセスは独立しており、プロセスの順番が決まっ

ています。これを逸脱すればするほど、全体としての流れ、論理性が崩れていきます。

　実はこの流れは、これまで各章で紹介してきた図2の流れとも一致しています。図2の流れは、図1の三つのプロセスの詳細版とも言えるのです。

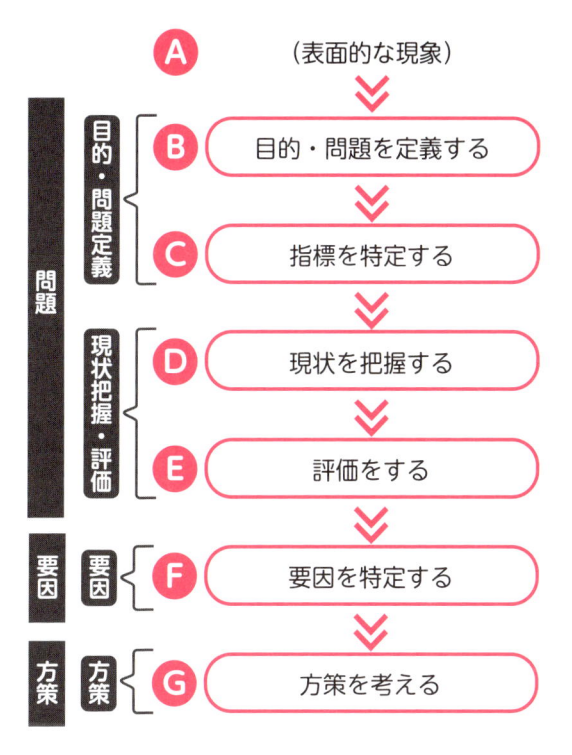

図2：データ活用のプロセス（第1章・図8を再掲）

　私は、いわゆるデータ活用やデータ分析にこだわらない、ロジカルシンキングや問題解決力を身につけるためのプログラムの中では、あえて図1の単純な三つの箱からなるプロセスを紹介しています。「常にこの三つの箱を頭に入れて、今どの部分の話をしているのか、を意識するようにしてください」と言っています。単純なほうが覚えやすく、結果的に、日常的に引き出しやすく使いやすいからです。

◑◐ー問題解決のプロセスで 誰もがやってしまいがちなこと

では民間企業でも行政・自治体でも学生でも、この単純なプロセスを守る上で一番問題となること、やってはいけないことは何でしょうか？

立場や職種が違ってもその答えは共通しています。それは、

すぐに「方策」に飛びつくこと

です。

例えば、「我が町の人口問題」というテーマを考えるとします。さっそくこの問題について取り組みましょうと言うと、多くの場合、情報（データ）を集め、現状把握を行うことから始まります。人口データを男女別、地域別などに整理し、過去からの推移や今後の予測などをグラフで描く、といったところです。

そうして出てきたグラフを見ると、きっと「人口が減っている」という危機的状況を一目瞭然で示すことができると思います。では、その次に何をしますか？

例えば、このようなことを始めてはいないでしょうか？

- どうやったら人口減少を緩和できるか、その対策案をひねり出す
- 他の地域がどんなことをやっているのか、情報収集に走る

その結果、具体的には、次のようなアイデアが出てきます。

- イベントの回数や規模を増やし、他地域にも積極的に告知する
- 地元産の食材を使った料理を楽しんでもらったり、観光名所をめぐったりするツアーを企画して地域外の人に参加してもらう

■ 婚活ツアーを週末に行い、若いカップルに広く集まってもらう　など
など

いかがでしょう？

どのアイデアも悪くはありません。私もその中身や発想自体を否定はしていません。問題はプロセスです。データを使って現状把握をしたのは良いですが、図3に示すように、その次にいきなり「方策」に飛んでしまっているのです。

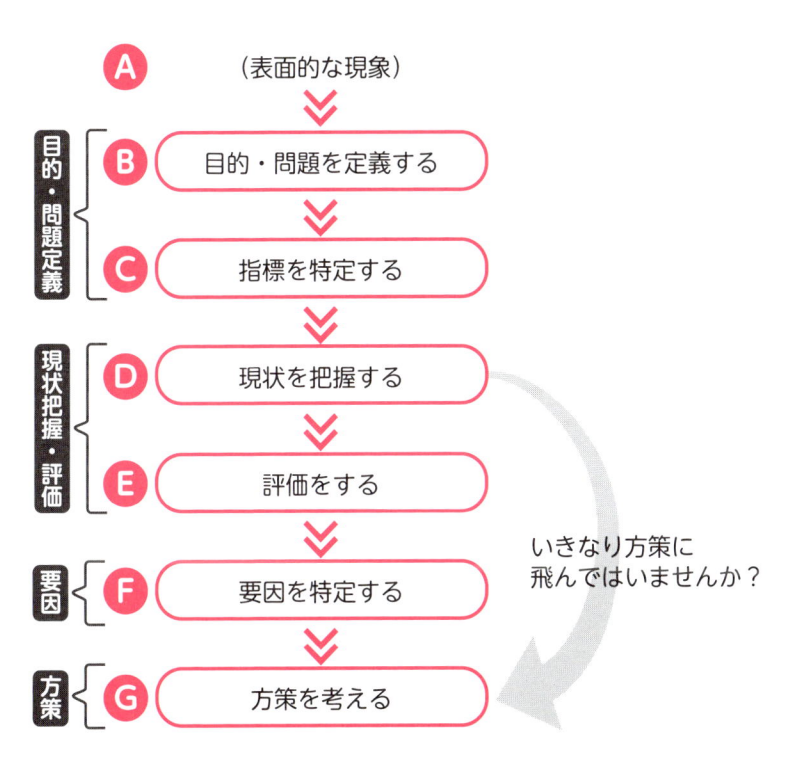

図3：納得度・論理性の高い結論は、正しいプロセスから

先のアイデアを提案した当人達に、「それはデータに基づいた提案なのか？」と問えば、YES という答えが返ってくることでしょう。なぜなら、「データを使って」現状の問題点をグラフで可視化した上で確認し、その上

147

に提案を作っている（と彼らが考えている）からです。

◖◗ 本当に「データに基づいた」と言えますか？

しかし、ここでよく考えてみてください。先にデータで確認した内容は、本当に直接、提案した内容とつながっているでしょうか？

つまり、「人口が減少した」というデータで確認した内容は、「イベントやツアーを盛大に行うことで、人口減少を緩和する」を裏付ける情報だと言えるでしょうか？

この問いに対する答えは、明らかに NO ですね。

もし、当たるも八卦当たらぬも八卦で斬新なアイデアを思いつけばそれで良いのであれば、そもそも最初からデータなど必要ありません。

私は、この状態を「方策君」と呼んでいます。様々な機会で「世の中方策君ばかり」というお話しをすると、本当に多くの方が共感されます。それだけ、世の中に深く広く蔓延してしまっている状態なのでしょう。

◖◗ 「要因」特定の有無で差が出る結果、有効性

では、「方策」に飛びつく前に行うべき、必要なこととは何でしょうか。

それは、「要因」を特定することです。ただしここまでに何度も強調してきた通り、「問題」が適切に定義されていることが前提となります。

第 1 章でも述べましたが、「方策」は「問題」に直接働きかけるよりも、「問題」を起こしている「要因」に対して打つべきものです。方策君が行っているのは、未だに火を噴き続けている出火の原因に対して消火活動を行わないといけないにもかかわらず、目の前に燃え盛る火にとりあえず水をかけまくるのと同じ行為です。緊急処置で目の前の火を消すのと話が違うことは、「要因」の必要性を理解した皆さんでしたらもうおわかり頂けることでしょう。

忘れてはいけないことは、この「要因」を考えたか否かによって、「方策」の内容も、そして当然、その効果や有効性にも大きな違いが生じ得るとい

うことです。

◉◉◉ 「残業時間が多い」という「問題」に対する「方策」の例

　一例として、図4で考えてみましょう。

　図4は、「残業時間が多い」という「問題」に対する「方策」に至る、いくつかのプロセスを示しています。

　一番左のプロセスは、残業実績のデータを曜日別で見た結果、「水曜日が多い」ことをデータから読み取り、それに対して「水曜日を定時退社日に設定」という「方策」を打ち出しています。

　その右隣りのプロセスは、それよりもデータを深掘りして、「水曜日の中でもH部が突出して多い」ことを突き止め、これに対する「方策」として「H部長への警告」も付け加えています。いずれも、一見すると、「データに基づいた客観的な方策」のように見えます。

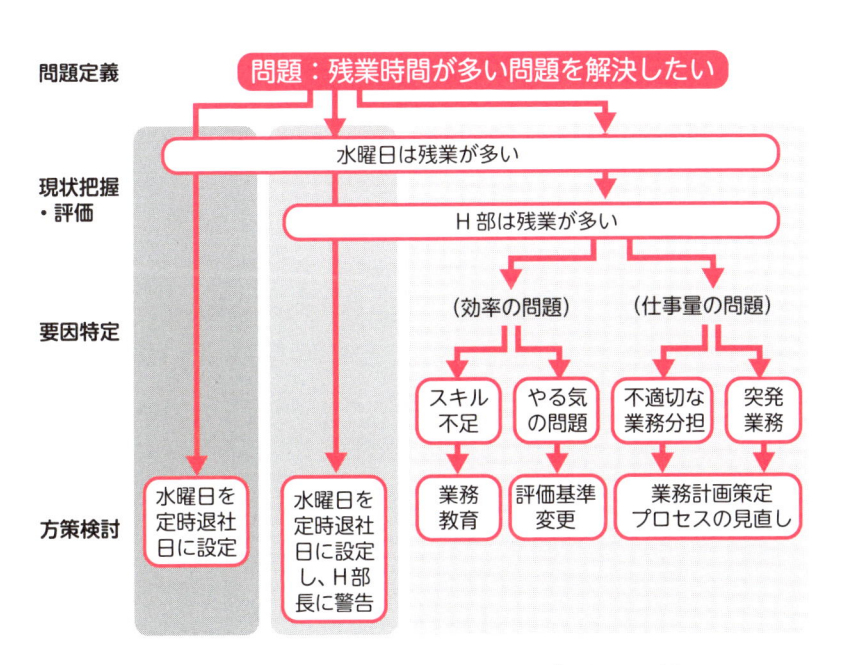

図4：「残業時間が多い」問題を解決するためのプロセスの例

では、さらに「要因」まで思考を進めた場合の「方策」を見てみましょう。

図 4 の右半分にあるプロセスをご覧ください。要因として「効率」と「仕事量」の二つに論理的に場合分けをし、それぞれにおいて考えられる「要因」を全部で四つ、挙げています。その四つそれぞれに対する「方策」は、

- 業務遂行スキルに関する教育を再度行うこと

- 評価基準の改定を行うこと

- 業務計画策定のプロセスを見直すこと

となりました。いずれの方策が適切か、どのように優先順位をつけるかは、実際にこの「要因」に対するデータや情報を集め、現実に照らし合わせて検証すれば良いわけです。

ここでは紙面の都合上、図 4 で四つの「要因」を挙げていますが、現実にはもっと多くの「要因」を可能性として挙げられるのではないでしょうか。皆さんも是非、考えてみてください。

この事例からわかる大事なことは、「要因」まで掘り下げることができているかどうか、どのような「要因」を幅広く挙げられているか、によってその先にある「方策」の中身が「要因」をスキップして出されたものとは全く違うものになり得る、ということです。皆さんはそれぞれの「方策」を見て、どれが「本当に」効果があると思われますか？

表層に近い、つまり図 4 であれば上位に近いプロセスから飛んだ「方策」であるほど、その中身も表層的で、実効性が薄く感じられると思います。世の中はこの状態の「方策」に多額のリソース（お金、時間、人、エネルギーなど）が投じられ、結果、ほとんど成果が得られなかったというケースが少なくありません。

繰り返しになりますが、このような残念な結果になってしまうのは、使ったデータの問題でも分析内容の問題でもありません。適切な思考プロセスを踏んだか否かの問題なのです。

●●● 「勉強時間が足りない」という問題に対する「方策」の例

　この「方策君」問題は、決して民間企業や行政・自治体に限ったものではありません。また、この問題を理解することは、決して難しいとも思えません。

　第2章でも紹介した、徳島県立脇町高等学校をはじめとする高校生に向けては、この問題を次のように置き換えて取り組んでもらっています。

　図4の「残業問題」などの事例を見せたあとに、「自分事」としての「試験勉強時間が足りない問題」について、図5の空白部分を考えて埋めてもらい、グループでその考えを発表（説明）し、他人のアウトプットと比較した上で論理性、納得度、実効性などを確認、話し合ってもらうのです。

　その後、あくまでも一例として、図6のようなシンプルなものを提示しています。

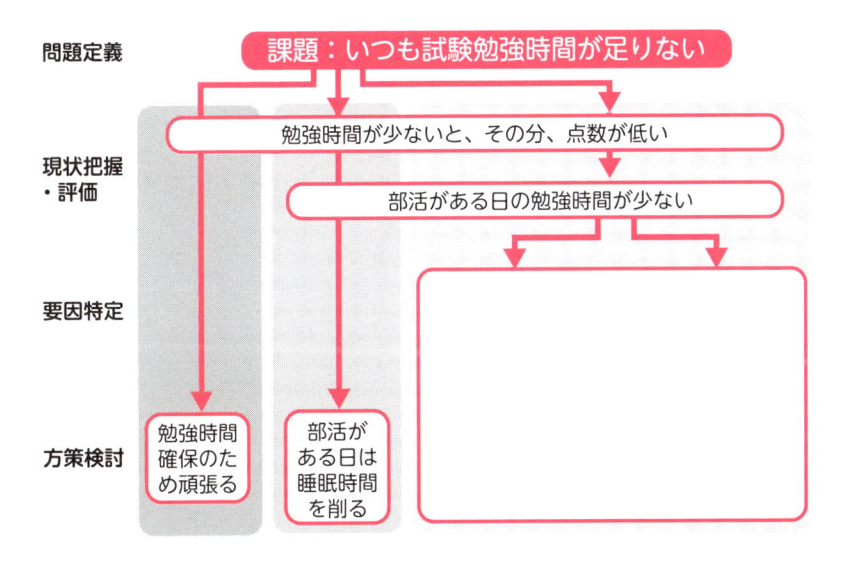

図5：「試験勉強時間が足りない問題」を解決するためのプロセスの課題例

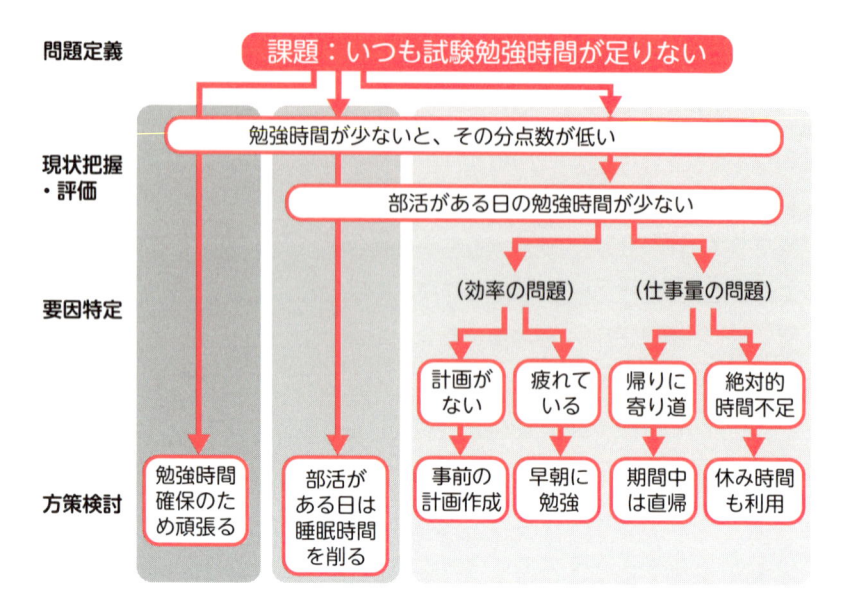

図6：図5の空白を埋めた考え方の例

　図6まで行くと、具体的な方策としては、私の解答例などよりもよほど高校生のもののほうが、発想豊かなアイデアがどんどん出てきます。あとは、そのアイデアをしっかりと論理の流れ・プロセスに乗せることができれば完璧です。このワークショップもいつもとても盛り上がります。

あなたも「方策君」になっていませんか？

　私は事あるごとに「方策君」問題について講演や研修でお話しします。内閣府にて講演した際にも、幹部の方から直々に「目から鱗だった」との感想を頂きました。高校生から、民間企業・省庁幹部に至るまで、起こり得る問題なのだと感じます。

　皆さんも、もし今やっている「方策」がイマイチ成果につながっていないな……と感じているのでしたら、その「方策」に至る過程で「要因」を考えずに安易に「方策」に飛びついた結果ではないか、と疑ってみる価値はあるでしょう。

ここで是非、皆さんが常日頃行っている業務や、「やるべき！」と言われているこのイベントやあのアクションの数々に対して、次の問いを投げかけてみてください。答えがすぐに出せるでしょうか？

- どうして（他の手段ではなく）それが必要なのか

- それによって何が実現または解決できるのか。それが実現できる、または効果的な結果が出るという理屈は、何に基づいているのか

　この二つの問いに対してすぐに答えられない場合、もしくはその答えにまだ自分の想定がかなり入っていて論理の飛躍を起こしている場合には、あなたも「方策君」になっている可能性が高いと言えます。

方策君に陥るメカニズム
～「考える」の二つの意味～

　ではなぜこうも簡単に、誰もが「方策君」に陥ってしまうのでしょうか。それは、「もっと頭で考えろ！」という発想や指示から考えてみる必要があるようです。

　皆さんは、「もっと頭で考えろ！」と言われたときに、「『考える』とは一体、何をどう考えることなのだろう？」ということまでは気にしないことでしょう。「とにかく頭を使えば良い」くらいには思うかもしれませんね。

　ところが、「頭を使って考える」には、二つの異なる要素があると私は考えています。

　一つは、創造性豊かに、革新的なアイデアを発想するという意味での「考える」です。

　もう一つは、ここまで紹介してきたように、地道に論理的に物事の筋道を追求するという意味での「考える」です。

　この二つのどちらが良い悪いという話ではありません。「考える種類が違う」ことがポイントです。

◑◐ープロセスを忘れがち

　高校生の場合ですと、「頭を使って考えろ」と言われると、「より柔軟な発想で奇抜なアイデアを繰り広げる」ことに猛進しがちです。例えば、「地方創生」などのテーマで「考えろ！」と言われると、「地産の素材を使ったＢ級グルメのメニュー」を具体的に考え始めます。そして、そのアイデア自体があのチームより「良い悪い」といった評価をするような方向に走っ

てしまうのです。

　ですが本来は、

　「そもそも何を解決、実現したいのか」（目的・問題）

　そして、

　「それは何が決め手・要因となるのか」（要因）

ということがわかっていて、その上で、

　「何をすべきなのか」（方策）

という順番での思考が必要です。

◯◯－評価の基準が曖昧？

　「アイデアコンテスト」などでも、その中身が「斬新なアイデア」を求めているのか、「ロジックに基づいた客観性のあるアイデア」を求めているのか、曖昧なケースがよくあります。理想を言えば「両者が成り立つ提案」ということなのでしょうが、事前にその評価基準が曖昧なまま参加者が取り組み、何となく「斬新なアイデア勝負」となっていることが多いのではないでしょうか。そうしたコンテストで最終的に上位に選ばれる作品も、「中身のロジックよりもアイデアの斬新さ」が評価基準として重視された結果になっていることが多いように感じています。

◯◯－あなたの「考える」はどちら？

　繰り返しますが、「斬新なアイデア」を「考える」ことは、決して間違いでも悪いことでもありません。むしろ、そのような発想力が乏しい私などは、高校生など柔軟な発想を持つ人をうらやましくも感じます。

　その一方で、この二つの「考える」の違いを明確にすることなく、全体のロジックを「考える」ことの重要性が伝わっていない、伝える機会や人材が少ないことには強い危機感を覚えています。なぜなら、「良いアイデア」「斬新なアイデア」が良ければ良いほど、斬新であればあるほど、その分、

良い「結果」を生み出すとは限らないからです。本来、この両者に直接的なつながりはありません。

　今あなたがやろうとしている「考える」とは、どちらの意味で使われていますか？

　確認してみてください。

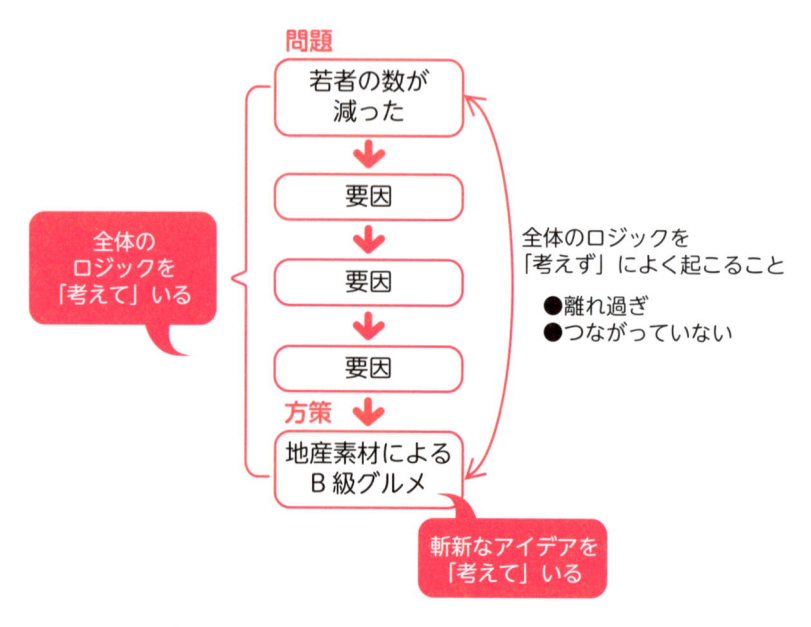

図7：二つの「考える」の違い

「なぜ（要因）」の追求を癖にしよう

　「方策君」を回避するためには、まず「問題」「要因」「方策」という最もシンプルなプロセスを頭に入れておき、事あるごとに自分が今考えているのは（行っているのは）、この三つのうちのいずれに該当するものなのか、を考えるようにしましょう。その際、特に「要因」についての考察があるか否かのチェックが重要なのは、ここまでに述べてきた通りです。

　「問題」の定義によって、「問題」と思っていたものが、さらに上位の「問題」の「要因」と位置づけられるようなこともあります。絶対唯一の正解があるわけではないという意味でも自分の考えを論理的に整理して伝える力が必要なのです。その基本として、今自分が考えている方策が、

　「問題」なのか？

　「要因・原因」なのか？

　「方策」なのか？

の見極めはすべきだと思います。

○○−「要因」の構造は単純とは限らない

　例えば、売上が下がった要因候補として、第4章でも扱った「競合の価格低減」と「来店者数の減少」を挙げたとしましょう。本来であれば要因候補はもっとたくさん挙げるべきだと思いますが、ここでは話をシンプルにするためにこの二つで説明していきます。

　要因候補が出たからと言って、ここで焦って次に行ってはいけません。要因は必ずしも単純な構造とは限りません。できるだけ「なぜなぜ」を繰り返して、より「本質的」な要因にまで掘り進めておくことが、確度の高い方策を導き出す秘訣です。

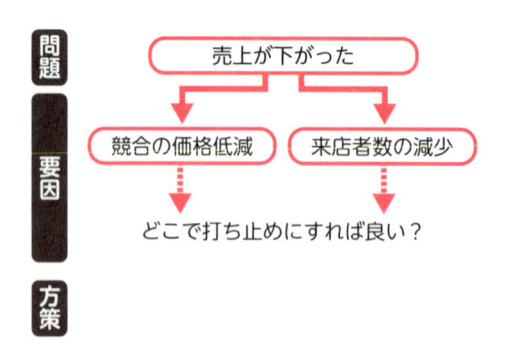

図8：「売上が下がった」という問題の要因掘り下げの例

　「来店者数の減少」についてはもっと掘り下げて、「なぜ来店者数は減少したのだろう」という点について考えてみることはできるでしょう。

　例えば「店舗スタッフの数を減らしたため、顧客対応がスムーズに行かなくなった」のかもしれませんし、「Webサイトの更新頻度を減らしたため、アクセス数が減り、その分来店者が減った」のかもしれません。

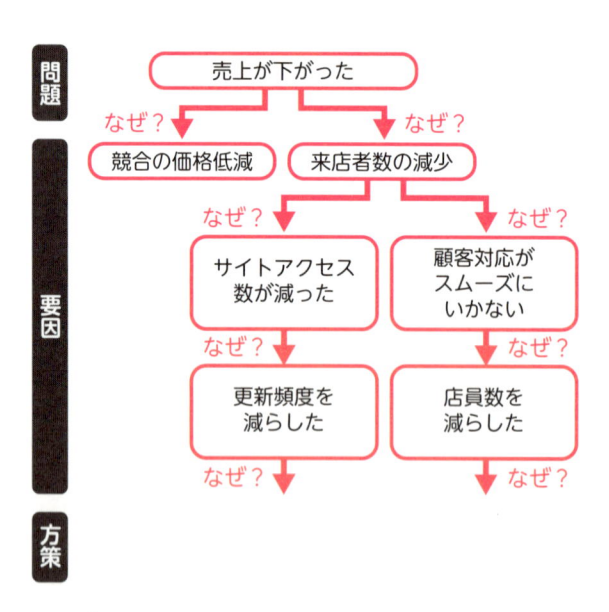

図9：方策に飛びつく前に、「なぜ」を繰り返す

もちろん他の要因の想定もあってしかるべきでしょう。いずれにせよ、このような「深掘り」の思考が求められます。

○○‐どこまで「なぜ？」を繰り返せば良いのか

　では、どこまで「なぜなぜ」を繰り返して行えば良いのでしょうか。実際に行ってみると、悩むポイントの一つだと思います。

　例えば、深掘りを一切せずに、「来店者数の減少」で要因を留めておくとどうなったでしょうか。

　きっと、「来店者数」のデータを集め、本当に減少しているのかどうか、それが売上の減少と呼応しているか否かを確かめることでしょう。その結果、確かにその二つに関連性（つながり）があることがわかったとします。では、最終段階として、その要因に対する「方策」を考えてみてください。つまり、「来店者数の減少に対する対策」を考えてみて欲しいのです。

　ここで、例えば「もっとディスカウントをしよう」とか「店頭でイベントを開こう」といった、「どうやったら来店者数が回復するか」の方策を次々に出すようでは、「方策君」から抜け出せていないことになります。なぜなら、それらの思い付きの方策と「来店者数の減少」の間には、大きなギャップがあるからです。

　「なぜ来店者数が減ったのか」がわかった上で立てる方策と、深堀りのできていない思いつきの対策とでは、その実効性や確度に違いがあるのは明白です。具体的な「方策」を考えるのは、論理的な筋道を考えることに比べると思考活動としてより楽しく気楽にできることが多く、安易に飛びつきがちです。それを避けるためにも、

「方策」を考えるのは最後の最後

ということを常に肝に銘じておきましょう。

ワークショップ問題にチャレンジ！

　この章のまとめとして、私がワークショップで使う演習を紹介します。「『問題』は何か」を適切に定義し、その「問題」に対して考えられる「要因」を広く多く挙げ、各「要因」に対する「方策」までの流れを描く練習です。

　実はこのテーマは、私の息子が実際に抱えた問題を取り上げています。

　中学校で生徒会長となった彼は、立候補前に生徒会担当リーダー（教員）に言われていた「生徒会活動は週1日だよ」という言葉を信じて立候補し、晴れて生徒会長となったものの、事前の言葉に反して実際には週3日以上、活動に拘束される日々が続きました。

　そんな日々が続いていたある日、帰宅した彼が発したコメントが、本演習のスタート地点です。

> 　「もともと週1日の活動と聞いていたのに、実際には週3日以上活動に拘束される。騙されたことが許せないし、リーダーには辞めて欲しい」

　この課題に対して次の三つを考えてもらい、図10のシートを用いて論理構築してもらいます。

- そもそも解くべき問題は何か、具体的に定義しましょう

- 定義された問題に対して考えられる「要因」を広く挙げましょう

- 想定される「要因」に対して直接有効と考えられる「方策」を挙げましょう

「もともと週1日の活動と聞いていたのに、実際には週3日以上活動に拘束される。騙されたことが許せないし、リーダーには辞めて欲しい」

解くべき問題

要因

方策

図 10：論理構築してみよう

　この課題は、彼のコメントにある内容が、「問題」「要因」「方策」のいずれなのかをよく考えるところが最初のポイントです。

　日常の会話には普通にあり得ることですが、彼のコメントの中に「問題」と、彼が考える「方策」が混在していることにお気づきでしょうか。その意味で、このコメントを発した時点で、彼は既に「方策君」となっているのです。

　整理の仕方は一つではありません。図 11 に、あくまで一例としての考え方を紹介しておきましょう。実際にワークショップを行うとこれとは違う、バラエティに富んだ答えのパターンが出てきます。是非、皆さんなりの考えも整理してみてください。

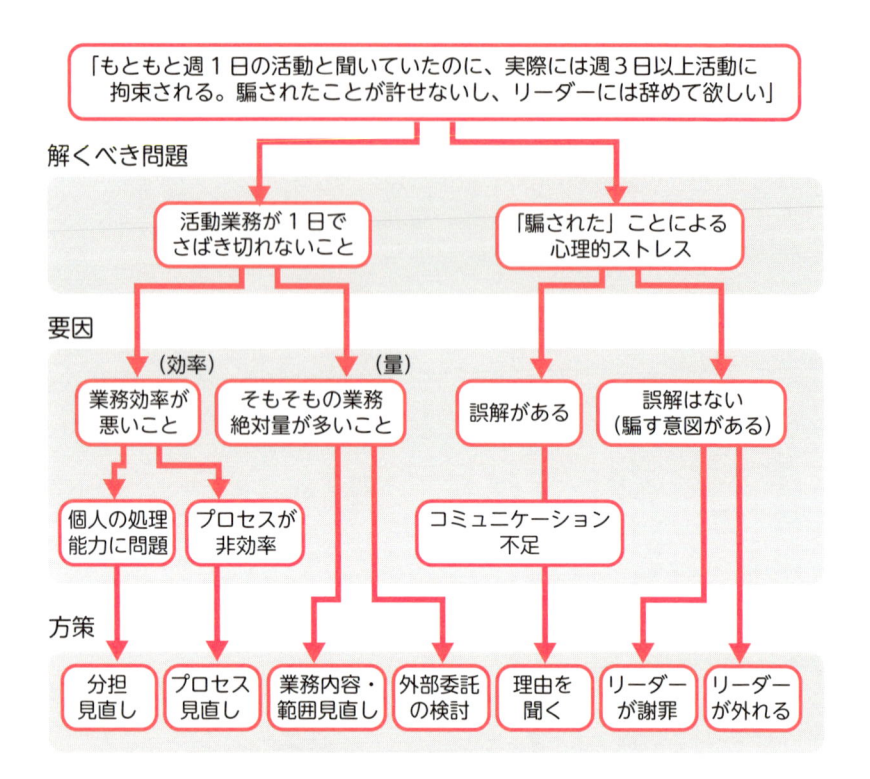

図 11：図 10 に対する思考例

　先にも述べましたが、私は、このような絶対的な答えがない課題に対して、考え方を整理して、順番に答え（ここでは「方策」のこと）に至る思考について、日本人は学ぶ機会がない（または少ない）ことに危機感を感じています。それがデータを活用できていない、大きなボトルネックの一つにもなっているからです。

　こうした思考が必要な場面は、データ活用や分析だけに限りません。チームディスカッションをファシリテーションするファシリテーターとしてのスキルにも含まれると思いますし、データを用いない問題解決のスキルそのものでもあります。

　私が、知識や方法論を覚えるだけでは、データ（分析）が活かせるようにはならない、と言っている根源がここにあります。

情報サマリー力で「すなわち……」
を言えるようにする

~情報集約力：情報から結論を導く力~

結果と結論は違う
～「すなわち」が言えていますか？～

　データを集めたり、処理・分析したりした「あと」のデータ活用リテラシーの一つが、「結論を述べる」ことです。まずここで注意したいのが、

結果と結論は違う

ということです。計算や分析をして出てくるアウトプットは「結果」であり、その結果が目的に対して何を意味しているのかを説明するのが「結論」です。

　では、皆さんが「データを活用する」際に最終的に必要なのはどちらでしょう？「結論」のはずですよね。ところが、誰もが「結論が重要」と答える割には、多くの人が「結果」を述べるに留まっているのが現実です。

●●ー「結果」と「結論」の違い：目的を理解していない例

　「結果」を述べるに留まっている、具体的な例を見てみましょう。例えば、皆さんは次のアウトプットをどのように説明しますか？

> 　あなたは、あるお店の宣伝部門にいます。より多くのお客様に来店して頂くためのメルマガコンテンツを開発すべく、現在のコンテンツの有効性を検証したいと考えています。今、男女別、メルマガ登録有無別に、過去１カ月の来店頻度の平均データをグラフにまとめ、比較してみました。その結果が図1です。

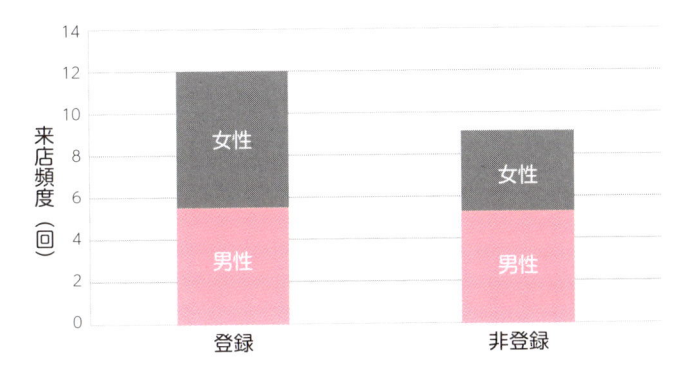

図1：アウトプットの例・メルマガ登録有無別来店頻度比較（性別内訳）

研修や授業などで、「で、ここからどんなことがわかりましたか？」と聞くと、次のような答えが返ってきます。

- メルマガ登録の有無を比較すると、メルマガを登録している人のほうがたくさん来店するようです
- 女性のお客様は、メルマガ登録されているほうが、されていないほうよりも平均値が高いです
- 男性のお客様は、メルマガ登録の有無にかかわらず、来店頻度の平均値はほぼ同じです

いかがでしょうか？

いずれの回答も「間違って」はいません。正しく、グラフの「結果を説明している」とは言えるでしょう。では、この結果を聞いて、宣伝部長であるあなたはどのような判断やアクションにつながる指示を出しますか？

それ以前に、そもそも出せますか？

上記の報告に対して、「だから結局何なんだ？」「何が言えて、どうすべきなんだ？」とイライラしながら聞き返すことにはならないでしょうか。

先ほどの回答はいずれも、計算した結果、グラフから読み取れる事実を

説明しているに過ぎません。つまり、話している内容は「結果」の説明留まりなのです。

　そもそもあなたは、何をしたくて何を知りたかったのでしょうか。そして、それに対する明確な答えが述べられているでしょうか？

　先の三つ回答では、いずれもその答えは NO ！ですね。

◖◖◗ 結論は結果に基づいて述べるもの

　ここまでの章でも何度も繰り返してきましたが、「データを活かせている」とは、何かしらの判断やアクションにつながるアウトプットが出せている状態のことを言います。先の例で言えば、例えば次のような回答は、「結論」としていかがでしょうか。

- ■ メルマガの配信は来店頻度を上げるのに効果があるようです。

- ■ その効果は女性客には有効ですが、男性客には有効ではありません。

　着目して頂きたいのは、これらの回答はグラフから現在のメルマガの有効性を確認する、という「目的」に対して何が言えるのかを述べている、ということです。そして、結論の中には直接的な計算結果や統計用語が入りません。入っている時点で結果の説明となるからです。

　結果と結論に至るまでに行っている内容は、本質的には同じはずです。なぜなら、結論は結果に基づいて述べるものだからです。ただし、表現の仕方が違います。そしてその少しの違いが、相手への伝わり方や納得度に大きく影響します。この違いを理解することも、立派なデータ活用リテラシーと呼べます。

　データ活用リテラシーの一つであるこのスキルには、「結果としてデータから得られた情報を、目的に適合させる力」が必要です。ある程度のセンスや発想力も必要でしょう。ですが何より必要なのは、そもそもの目的、何が言いたいのか、何を言うべきか、相手は何を知りたいと思っているのか

が明確にわかっていること、です。第2章で「目的や問題の定義」の重要性を強調したのも、ここにつながります。

実践的な訓練が足りない、日本の教育現場

大学の授業などでは、学生に対して分析結果を他の学生の前でプレゼンテーションさせる機会をたくさん作ります。その際に、常日頃から「結果ではなく結論を」「で、そこから言えることは？」「グラフを読むな（説明するな）」といったコメントを口を酸っぱくして伝えています。それでも気を抜くと、相変わらず結果の説明を続ける学生が後を絶ちません。

相手に対して意思を伝えるプレゼンテーションをする中で、結果の説明が始まると、「あぁ、この学生は自分が何のためにデータを使っているのか、わかっていないまま作業したのだな」とすぐに気がつきます。そして、具体的に指摘してみると、その通りであることがわかります。

計算や分析で目に見える値やアウトプットを出すことが目的化してしまうと、簡単にこの落とし穴に陥るのです。

残念なことに、ここでも日本の教育のあり方の問題が浮かび上がってきます。正確に計算して、正しい値を導き出すことで丸がもらえる学校教育に浸り切ってしまうと、計算結果を出すこと、その際に計算間違いをしないことが目的となってしまうのです。目的がそれなので、計算結果を出すことでゴールに到達したと安心してしまいます。計算結果はまだ途中経過であり、その先に最も重要なプロセスが待っているにもかかわらず、本当にもったいないことです。

高校生や大学生の発表に対して、「で、それは結果だよね」と返すと、彼らは「あぁ、確かに」というリアクションをします。おそらく、頭では「まだ途中経過でしかない」と理解はしているのですが、結論を出すという実践的な訓練を積んでいないのです。

◯◯ー「結果」と「結論」の違い：データの捉え方が単純過ぎる例

他の事例も見てみましょう。私が研修などでも使用するケースを用いて、第3章で紹介した多面的なデータの使い方と絡めて紹介します。

あなたは自治体における移住促進の担当者です。来週、都内から移住を検討している若い夫婦が視察に来ます。彼らの関心事は、いかに住居費を抑えて住むことができるのか、とのことです。そのため、市内の二つの主要地域（郊外エリアと都市エリア）で同条件の物件を探し、表1の家賃情報をダウンロードしてきました。

あなたは、この夫婦にどのようなアドバイスをしますか？

表1：市内の主要な二つの地域の家賃の例（円）

郊外エリア	都市エリア
48,000	141,000
75,000	64,000
68,000	119,000
79,000	44,000
87,000	111,000
54,000	81,000
79,000	112,000
78,000	127,000
49,000	62,000
52,000	133,000
62,000	78,000
68,000	90,000
87,000	45,000
55,000	148,000
88,000	119,000
84,000	62,000
80,000	93,000

* 広さや築年数などの条件はほぼ同じと仮定します

先の質問に対する、一番避けたい回答は次の通りです。

■ 郊外エリアの平均家賃は、都市エリアの平均家賃よりも安いです

　確かに、それぞれの平均家賃を計算すると、郊外エリアは 70,176 円、都市エリアは 95,824 円となり、この回答は間違ってはいません。では、その情報は来週来る夫婦にとってどれだけの価値があるでしょうか？

　彼らはその情報をもって、どういった判断をし、どんなアクションが取れるでしょうか。夫婦にとって先の回答が有益かどうかと考えると、点数としては 0 点ではないでしょうか。

　先の回答が抱えている問題点は二つあります。まず、答えの中に「平均」という統計用語が入っている時点で、単に計算結果を述べただけとも言えます。そして、それぞれの情報をデータの大きさという尺度でしか捉えていないため、得られる情報が薄っぺらいものになっています。

　では、ここに多面的な情報把握の視点を入れて考えてみましょう。図 2 をご覧ください。

	郊外エリア	都市エリア
平均	70,176	95,824
標準偏差	14,253	33,385
平均−標準偏差	55,923	62,439
平均＋標準偏差	84,430	129,208

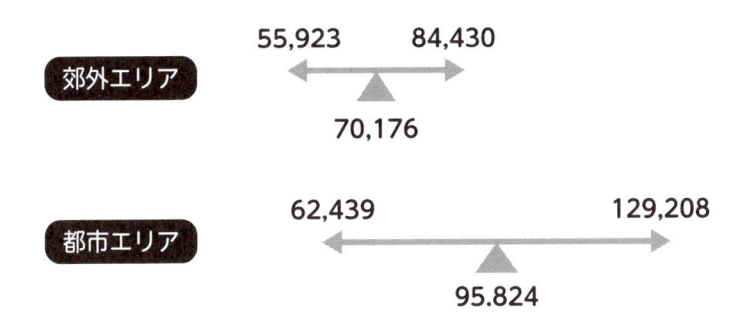

図 2：表 1 のデータより得られた情報

図 2 では標準偏差を使って、各物件間の家賃のバラつきを示しています。細かい前提は色々あるのですが、ざっくり言えば、家賃の平均値±標準偏差の範囲に、全体の約 2/3 のデータが収まっている（＝標準的なデータの範囲）と捉えることができます。それを可視化しています。

さて、ここからが考えどころです。図 2 を見て、皆さんであればどのような「結論」に落とし込むでしょうか？

そのときに、どのような言葉を使って説明されるでしょうか。

例えばこのような説明はいかがでしょう。

確かに相場としては郊外エリアのほうが都市エリアよりも安いですが、選択の幅を考えると、都市エリアのほうが圧倒的に広いと言えます。さらに、都市エリアで良い物件が見つかれば、結果的に郊外エリアの相場よりも安いものが見つかるかもしれません。まずは都市エリアから探してみることはいかがでしょうか？

ここでは、平均値を「相場」という言葉に、標準偏差やバラつきのことを「選択の幅」と言い換えていることに着目してください。伝える相手は、平均値にも標準偏差にもバラつきそのものにも関心はありません。彼らは、自分達が何をもってどのようにどこから物件を探せば良いのかを知りたいはずです。それに対して答えていなければ、良い結論とは言えないのではないでしょうか。

◖◗ グラフを有効に用いて結論を出した例

最後にもう一つ、結論を効果的に支えるためにデータをどう見せるか、という視点を取り入れた事例を紹介します。こちらは私が大学の授業で学生によく出す課題の一つです。

八つの自社チョコレート製品の最新の販売個数実績が店舗別に表2の通り入手できました。このデータから言える範囲で、今後の商品戦略、販売戦略などにつながる提案を結論としてまとめてください。

表2：店舗別販売個数（個）

製品	店舗				合計
	東京	大阪	横浜	名古屋	
チョコレート A	34	15	30	10	89
チョコレート B	49	41	32	47	169
チョコレート C	35	49	32	33	149
チョコレート D	16	11	26	17	70
チョコレート E	54	72	94	130	350
チョコレート F	55	65	65	63	248
チョコレート G	52	51	59	54	216
チョコレート H	23	33	16	20	92

この課題も絶対的な正解はありません。まずは、自分でどんなことを言いたいか、言えそうかということを「目的」として定め、そのために必要なデータを必要な形で加工したり、比較評価したりすることが求められます。そして大事なのが、それを自分なりにどう「結論」として述べるか、です。

本章で述べてきたここまでのことを説明した上でこの課題を出しても、半分くらいの学生は、発表しながら「結果」を淡々と説明し始めます。これだけ単純なデータでも、結論を出すことになかなか至ることができないのです。

⬤⬤ グラフを用いた結論の例

見せ方や結果、結論は様々な形があって構わないのですが、例えば、図3のグラフを元に、「チョコレートEの販売に注力します。特に名古屋の店舗に資源を投入します。なぜならその他と比べて一番売れているからです」

という回答があります。結論としては決して悪くはありません。

　また同様に、「チョコレートDやAの底上げを図ります。限られた資源を投入するのであれば販売不振の下位2商品に絞ります。ただ、これら2商品を他の商品と地域別で比較すると、名古屋と大阪で苦戦しているので、まずはこの2地域で対応します」といったものもあります。これも結論の説明として、悪くはありません。

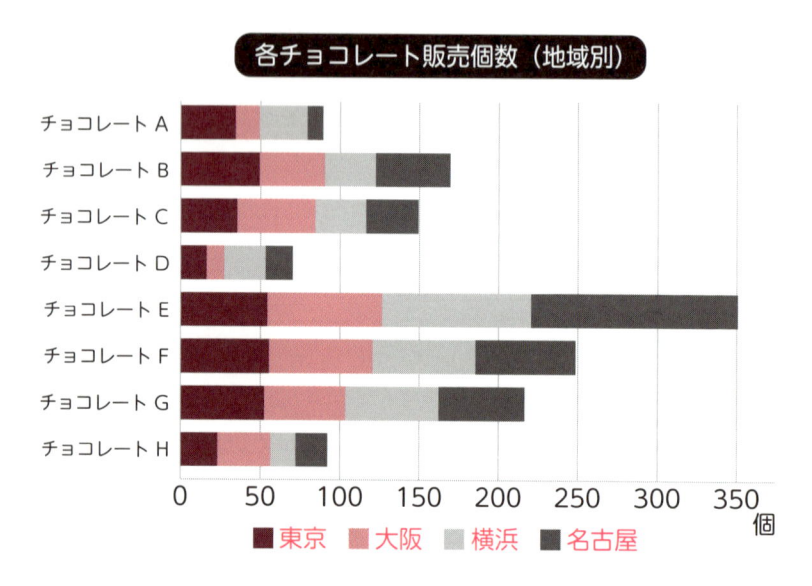

図3：棒グラフにより製品名順に並べた例

グラフそのものに結論を語らせる例

　ただ、もし上記のような結論にするのであれば、もう一歩踏み込んでその結論を直接支える根拠が一目瞭然でわかると、相手の理解と納得度がぐんと上がるのではないでしょうか。それはちょっとの工夫で実現できます。

　図4は、単純に製品ごとの合計販売個数を多い順に上から並べ替えたものです。先ほどの結論は、製品ごとの販売個数の大小を結論に結びつけているものでした。であれば、「その観点で結果を見たこと＋その結果、どの

商品がクローズアップされたのか」というメッセージを、グラフからすぐに読み取れるように工夫をすればいいのです。それが図4になります。

　つまり、図4ではその見せ方に販売個数の大小を基に結論を導いた、という意思が入っていることがわかります。グラフの見せ方を工夫することで、「あぁ、単純に計算した結果を見せているのではないんだな」ということが相手に伝わります。

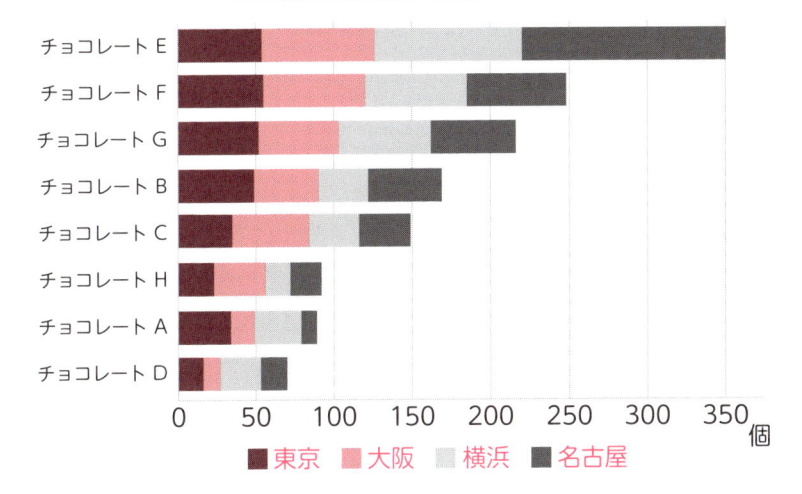

図4：棒グラフにより販売個数順に並べた例

　「結論を伝える」と言っても、このような工夫ができる、できないで、大きくその効果が変わります。

　自分の目的を具体的に定義し、それに直接回答する結論が出せているか否か、「すなわち〜」に続く言葉が言えているかどうか。最後のアウトプットを再度確認する習慣をつけている人は、相手に「なるほど！」と言ってもらえる確率が高くなります。

結論を導くときに気をつけたいこと

　結果から結論を導くには、その人の情報集約力に加え、ある程度の想像力も必要です。ただ、ここで気をつけなければいけないのは、必要以上に自分の解釈を加えない、ということです。あくまでも、データから見えた事実の範囲で考えることが原則です。

●●ーデータで説明できる範囲に留まっているか

　一例として、先のチョコレートの販売実績データの例で考えます。

> 　全地域で最も売れているチョコレートEの販売個数が一番少ないのが東京なのは、この地区に競合が同様の製品を投入しているからだ。

　このように結論付けたとしましょう。確かに、さらに調べればそういうことが背景にあるとわかるかもしれません。しかし、競合の動きを示唆する情報は元のデータには一切ありません。おそらく本人も、どこまでが自分での想定で、どこまでがデータで言える事実なのかの境界線がわからなくなってしまっているのでしょう。せっかく、データという客観的なものを用いたにもかかわらず、最後の最後で結論の質を落としてしまっています。

　でも、これが特に学生ではよく起こるのです。「単にデータの計算結果を読み上げるのではなく、それが何を意味しているのかを自分の言葉で説明しなさい」と、結論を出すように指示すると、本人も気づかぬうちに自分の解釈や想定をどんどん盛り込んでしまう、ということが起こります。

そうした際、私は、「確かにそうかもしれませんが、それはどのデータを見るとわかりますか？」と聞き返します。それで本人が、データに基づいたものではない部分に初めて気づくことになります。

つまり、本人が「それはどのデータで言えるのか」をかなり意識して自己チェックしていないと、データで説明できる範囲から簡単に逸脱してしまうことを意味します。

簡単な例を見てみましょう。次の三つの情報がデータから得られたとします。その結論は、どのようなものが考えられるでしょうか？

(1) 日本人は食べるのが速い

(2) 日本人は歩くのが速い

(3) 日本人は話すのが速い

この問題を出すと、次のような結論が返ってくることがあります。

- 日本人は時間に追われている

- 日本人はせっかちだ

もうおわかりですよね。これはデータに基づいた結論と言うには難しい回答です。なぜなら、(1) 〜 (3) では「速い理由」も「日本人の性質」も何ら述べられておらず、「これはどのデータを見るとわかるのですか？」という質問に答えられないからです。(1) 〜 (3) の情報からイメージすると、こうした結論に至る状況が浮かんできそうです。でもここで聞かれているのは、「あなたはどう思うか？」ではなく、「データから何が言えるか？」です。

無機質なものに感じるかもしれませんが、例えば、「日本人は日常動作が速い」という回答は、セーフでしょうか。「食べる、歩く、話す」を「日常動作」と自分で解釈してまとめているものの、解釈の範囲を最小限に留め

175

ているからです。皆さんであれば、どのような結論にしますか？

◐−認知バイアス（思い込み）

　他にも人間が情報を集約する際に起こり得るリスクとして、「認知バイアス」と呼ばれる、いくつものバイアス（思い込み）の存在があります。人間は100%客観的、合理的な判断や認知ができないと言われており、様々なバイアスの傾向が論じられています。これらは、前項の「データで説明できる範囲に留まっているか」で紹介した過ちの根底にある、心理的な歪みと捉えることができます。

　意図的かそうでないかにかかわらず、本人にとって都合の良い情報に偏って情報を取り上げたり、取り上げた情報を自分の都合の良い解釈で固めてしまったりするようなことが起こり得るのです。おそらく、誰にでも身に覚えがあるのではないでしょうか。

　先に述べたチョコレートEに関する結論も、「人は何かしらの理由をつけたがる、しかも自分が『こうだ』と思った理由をつけたくなる」というバイアスが根底にあるとも言えます。

　この他にも、いくつかのケースやデータを見ただけで、それを過剰に一般化し、いかにも世の中全てがそれに当てはまるかのように解釈してしまうバイアスも起こりがちです。

　例えば、高齢者が自動車運転中に事故を起こしたケースを頻繁に目にしたりすると、「やっぱりお年寄りの運転は危ない」と、世の中全てのお年寄りの運転が危ないかのように解釈してしまいがちです。見たのはあくまで数ケースのデータであるにもかかわらず、です。さらには、「お年寄りって気が短くて運転が荒いからだよ」などと、自分が想像した理由を無意識に自分の結論の一部として付加してしまうことで、どんどん事実から遠ざかってしまうことも起こり得ます。

　データは直接自分が見たり経験したりするもの以外の世界を、間接的に見せてくれる便利な道具である一方で、データが示すものが世の中全てと

は限らない、という視点も併せてもちたいものです。

◐◯ 正解は、やはり一つではない

この問題を難しくしているのは、正解が一つだけとは限らないこと、そしてその正解とは何かがおそらく永遠にわからないことにあります。つまり、自分のバイアスが働いているのかどうかを確認するのが難しく、たとえ働いていたとしても、何を正解としてそれを確認すれば良いのか、それ自体が難しいケースも少なくないからです。

単に、「データでは言えないことを結論の中で言っている」のであればすぐにわかりますが、次の例ではどうでしょう？

四つの情報から、どのような結論を導き出しますか？

(1) ジャカルタの物価は高い

(2) 東京の物価は高い

(3) バンコクの物価は高い

(4) 北京の物価は高い

このケースの場合、情報を忠実に追ったとしても、思いつく結論が複数出てくることでしょう。

例えば、「アジアの首都の物価は高い」という結論もありですが、「首都の物価は高い」と言っても間違いではありませんね。また、「アジアの都市部の物価は高い」や「アジアでは物価が高い」と言っても成り立ちます。

「どれが正解なのですか？」とは聞かないでください。世の中で正解が一つなのは、学校の試験問題までです。

あなたは、どのような結論が適切だと思いますか？

「自ら正解を作り出し、それを論じる」というスタンスを、ブレずに取り続けるのも、データ活用リテラシーの大事なスキルの一つです。

第7章

「データで問題解決できる」という幻想

〜視野拡大力：データからさらに視野を広げる力〜

「データの中に答えがあるわけではない」を認識する

　ここまでの話で、データ活用リテラシーとして、単にデータの見方や分析の方法論、統計の知識だけでは客観的な問題解決にはほとんど太刀打ちできないことをご理解頂けたと思います。同時に、本質的に必要なことは、目の前のデータに頼ることなく、自ら目的や問題を定義し、必要なデータや分析する範囲をいかに広い視野でデザインできるか、であることを紹介してきました。データが「これがあなたの知りたいことですね」と自動的に提示してくれることはないのです。

　ここで言うデザインとは、ここまで述べてきた「目的や問題を定義すること」、「そのために必要なデータや指標を特定すること」、そして「そのデータをどのように見れば目的や問題に対して有効な情報が得られるのか」を考え、その後にデータを用いて行う作業の設計図を描くことを指します。

　ところが、ここまでの話を聞いた方の中には、「データ分析ってもっと簡単にできるのかと思っていた」といった感想や、その反対に「話はわかるけど、実際にデータ分析をやろうとするとすごく難しそう」といった感想を持つ人が少なくありません。

◯◯ーデータを扱うスキルを身につけるために克服すべきこと

　正直に言うと、確かに難しく感じられる部分はあると思います。本書で紹介してきた思考を、これまであまり意識してやってこなかった、もしくは体系的に学んだことがなかった人にとっては、特に難しく感じられるのだと思います。やはり、

問題を解く＝必ず存在する一つの正解をどう見つけ出すか
を絶対的なものとして教育を受けてきた日本人にとって、正解があるかど
うかわからない、正解は一つだけではないかもしれない、何が正解だった
のか結局わからない、という状況に耐えられないのかもしれません。「デー
タの中に存在するはずの『答え』を探し出そう」という発想を持っている
人ほど、腑に落ちない感じや難しさをより強く感じてしまう傾向があるよ
うに思えます。

　気持ちはわかりますが、こうした状況を受け入れて克服しない限り、本
当のデータを扱う（「分析ツールや作業を扱う」ではありませんよ）スキル
は身につかないと、私は思っています。逆に難しいからこそ、身につけた
ときの価値が高いとも言えるのです。

◖◗－最適解に至るための論理的な考え方とは

　では、なぜ「データありき」ではまずいのか、なぜ目の前のデータに頼
らない思考が必要なのか、目的思考で再度考えてみましょう。
　まず、データを見ながら、行き当たりばったりで仮説を作りつつ作業を
進めると、どのような結論（ストーリー）になるかを見てみましょう。

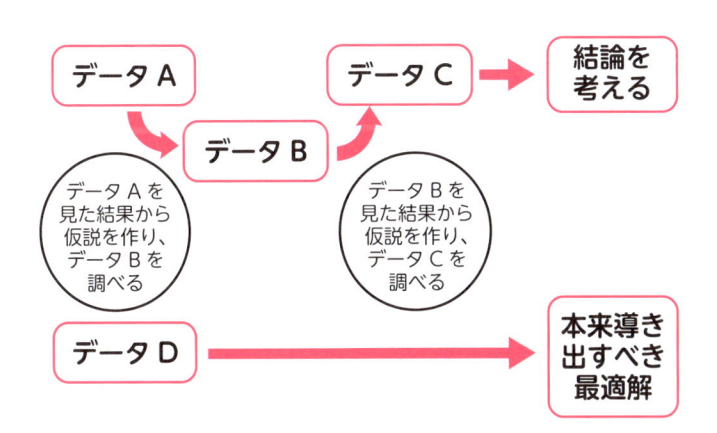

図1：行き当たりばったりで分析を進めるのは危険である

最初にたまたま目にしたデータ A から気づきを得て、それに基づいてデータ B を新たに入手して分析します。その結果から、さらに分析を進めるためにデータ C を入手し、最終的にデータ A、B、C から結論を導き出します。そうすると一見、データ A ～ C の範囲においては筋の通った結論が得られます。

　ところがこの方法だと、最初の入り口が「たまたま手にしていた」データ A であるために、その分析はデータ A が示す範囲を超えることなく進むことになります。そこから導かれた結論は当然、データ A が示す範囲に限られたものであり、必ずしも課題に対する「最適解」かどうかはわからないのです。

　仮に、この作業（図 1 の上部）の中から見落としていたデータ D を見ることがあれば、データ A ～ C から導かれた結論よりも、より本質的な最適解が見い出せたかもしれません。

　ここで、きちんと確認しておきましょう。分析者であるあなたが欲しいのは、目の前にあったデータ A ～ C をつなぎ合わせてできた、狭い範囲での結論でしょうか？

　それとも、大元の課題に対する最適解でしょうか？

　ビジネスの実務の世界では言うまでもなく、一般的な問題解決で必要なものは後者の「大元の課題に対する最適解」ですよね。

◖◗－分析の範囲や使うべきデータを適切に論理的に検討したプロセス

　では、目の前のデータに縛られない適切なプロセスとは何でしょうか。

　それは、各作業でデータに手を着ける前に、広い視野で全体を想定することです。この「想定」は一般的に「仮説」と呼ばれ、目的や問題に対してデータを次の点に留意して考えることを指します。

■ どのような範囲・切り口の情報（データ）が必要か

先に述べたように、この時点では目の前のデータに思考を縛られないことが重要です。つまり、次のプロセスが仮説作りに求められます。

「データ⇒仮説（データに基づいた仮説作り）」ではなく、「仮説⇒データ」

データ（分析）は自分で立てた仮説を客観的に論理的に検証するためのもの、と言えます。

「仮説を経て検証」という個々の作業が、ここまで紹介してきたデータ活用の全体プロセスのどのタイミングで必要となるか、確認しておきましょう（図2）。

図2：データ活用の全体プロセス（左）の中の仮説構築・分析作業

最初に見るべき範囲（データ）を広く設定することで、分析範囲自体が広くなり、拾うべき情報や結果の見落としのリスクが減ります。設定する範囲が広い分、データを用いた確認作業の量は増えるかもしれませんが、最適解に至るためにはある程度、仕方のないことだと思います。

　もちろんこのように進めても、実際には分析途中で結果を見ながら再度仮説を作り直したり、新たなデータを追加したりという作業は発生します。大事なことは、いかに分析に用いるデータとその見方の範囲を広く押さえておくか、ということです。

　それには、

(1) この問題はどのような範囲のデータが必要なのだろうか

(2) それらのデータはどのような切り口で見るべきなのだろうか

と論理的に、かつ広い視野で考えることが必要なのです。視野を広げることについては、次節でさらに詳しく説明します。

視野を広げることが分析の幅を広げる

　例えば、職場での残業時間問題にデータ分析で取り組むとしましょう。ある人が、この問題は「従業員」（例えば、作業を行う効率やスピードといった個人の能力、やる気など従業員の質に関する側面）と「仕事量」の両面で分析すべきだ、と（思いつきの）仮説を持ったとします。それはそれで、この二つの点に関するデータから何かしらの問題に関するヒントが見つかるかもしれません。

　一方、同じ問題に対して思いつきの範囲だけに留まらず論理的に思考を広げた結果、さらに「顧客」についても調べるべきだと仮説を持つ人がいるかもしれません。

　この違いは、顧客のクレーム対応などで残業が増えている可能性があることを思いついたか否かということです。つまり、この職場での残業時間問題を「従業員」「仕事量」「顧客」という三つの軸に整理して全体像を俯瞰・分類することで、分析の範囲が広くなり、切り口が明確になったことになります。

◐–論理思考で問題を構造化する

　では、どうすれば目の前の課題に対する範囲と切り口を適切に見極め、できるだけ漏れなく思いつけるのでしょうか。これは、多くの人が悩み、知りたがるポイントです。

　残念ながら、この問いに対する魔法の答えはありません。何となく思いつくのを待つのでもなく、唸り続ければ答えが出てくるものでもありません。

　魔法の答えはありませんが、私が考える最善のアプローチは「論理思考（ロジカルシンキング）」です。ここで私の言う「論理思考」とは、問題を

構造化して整理しながら考えることを言います。

　例えば、先の残業時間問題にしても、論理思考を働かせることによって、分析やデータ収集を行う前の段階で次のような問題の構造化ができるでしょう。**図** 3 の色の付いた部分が、構造化によって新たに気づいたものです。

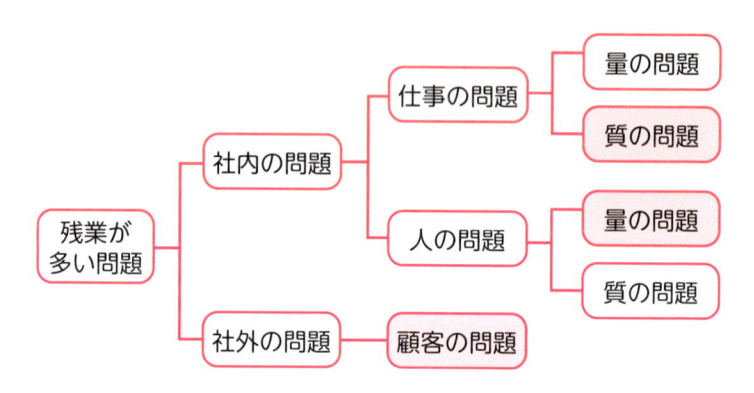

図 3：論理思考により問題を構造化していった結果

　すると、「仕事の量」の問題だけでなく仕事の割り振り方や内容など、「仕事の質」の問題も見るべきだと気づくかもしれません。同じく、「人の能力（質）」の問題だけでなく、人数など「人の量」にも問題があるかもしれない、という仮説が立てられます。

　こうすることで、単に思いついたものを次々と箇条書きにリストアップして唸り続ける……というアプローチで導き出されたものとは、網羅される範囲や論理的かどうかという面で圧倒的に違う結果を生みやすくなります。

　構造化して整理することで、思いつきだけでは考えられなかったことにまで気づく可能性が高まります。さらに、「どうしてそのデータを使って分析したのか」という問いに対しても、論理的な説明が可能になるのです。「いつものデータを使いました」という回答と比べると、雲泥の差です。

「見えていない」ものを「見える化」するためのテクニック

では、構造化に基づいた論理思考スキルは、どうすれば習得できるのでしょうか。

当然、論理思考（ロジカルシンキング）の基本を勉強することが最初の一歩だと思います。しかし、この論理思考のスキルは、内容やテクニックを理解しただけではほとんど使い物になりません。何度も試行錯誤しつつ、自分の引き出しと発想力、経験値を広げていくことが求められます。

とはいえ、手掛かりが何もない中で試行錯誤するのはあまりに非効率です。ある程度のテクニックを知って使い始めることが、効果的・効率的ではないかと思います。

ここでは「ペアコンセプト」と「自己否定」という二つの強力なテクニック（考え方）を紹介します。

◐− ペアコンセプト

前節の「残業時間問題」を例に考えます。「社内−社外」「量−質」といったように、対になる「ペア」のカテゴリーやコンセプトを考えることで、自分で思いついたアイデアの「対」になるものの箱を作ってしまいます。

こうすることで、その箱には何が具体的に当てはまるのか（先の例では、顧客の問題や人数など）を思いつきやすくなります。同時に、その思いついたものが論理的にどう位置づけられるのかについても構造の中で確認して、示すことができます。

ここで大事なことは、全体を構造化するか（できるか）否かではありません。もちろん、構造化できることが理想です。ただ、構造化することを

目的としないようにしましょう。問題の構造化作業だけでとても難しいものに感じ、そこで力尽きてしまいかねないからです。データ分析にたどり着く前に作業を止めてしまっては、元も子もありません。

　まずは、自分が思いついたアイデアや、とりあえず目にしたデータからわかったことなどに対して、

　　その「対」や「反対」にあるものや考え方は何だろう？

と考えてみる。それによって視野を広げてみる。というアプローチから始めてみることです。

　皆さんも身近な例で、今見えているものや思いついたものの「ペア」になるものを挙げてみましょう。実は自分が見ているもの、考えているものが一面でしかないことに気づくのではないでしょうか。

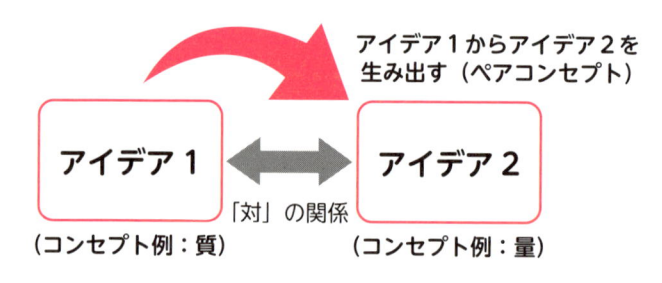

図4：ペアコンセプトのイメージ

　図4における「アイデア１」とは、「まずは思いついたこと」であったり、「いつも使っているあのデータから見えたこと」であったりします。でもその「たまたま」思いついた、データから見えた情報が全てだと思ってしまうことは危険だ、とお話ししてきましたね。そのため、その情報（図中のアイデア１）を起点として、次のアイデア（図中のアイデア２）を発想するための考え方です。

　ここで、私がよく使う「ペア」の組み合わせを紹介しておきます。是非皆さんもご自身のよく使う（使える）ペアを見い出してください。

■ 個人－組織

- 方法論（やり方）－意識（やる気）
- ある（のにできない）－ない

◎－自己否定

　ここで紹介するテクニックも、ペアコンセプトの一つの派生形と言えるかもしれません。

　思いついたアイデアをあえて否定してみます。「もし XXXX でなかったら？」と、自分に問いかけます。最初に出したアイデアに固執せず、あえてそれを否定することで他のアイデアを強制的に引き出す手法です。

　例で見てみましょう。

1）思いついた要因のアイデア

集客が減ったのは、宣伝の回数を減らしたからだ。

2）自己否定

いやいや、宣伝の回数の問題ではないとしたら何があるだろう？（つまり、宣伝の回数を増やしたとしても問題が解決しなかったとしたら他にどのような要因が考えられるだろう？）

3）次のアイデア

宣伝の回数を増やしても問題が解決しないとすれば、「宣伝が顧客に届いていない」可能性はないだろうか？だとすれば、確かに回数とは関係ないかもしれない。

4）さらに自己否定

では、宣伝回数を増やして、さらにそれが顧客に届いているとして、それでも集客が減るとしたらどんな要因が考えられるだろうか？

5）次のアイデア

宣伝内容に問題がある（アピールが足りない、わかりにくいなど）可能性は考えられないだろうか……。

このような思考プロセスを繰り返し、アイデアの可能性を広げます。

自己否定は、第6章で紹介したバイアスが強いと、「自分が思った通りに違いない」という思い込みが強く働き、なかなか実践できません。一旦自分の考えをニュートラルにして、ゼロベースで、でもロジカルに考えられる人は自分の視野を広く持つことができます。

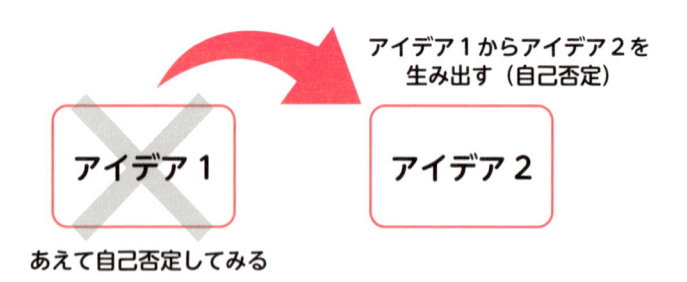

図5：自己否定のイメージ

今とこれからの時代に必要な「生き残る力」とは

　繰り返しになりますが、ここでの大事な考え方は「正解探し」をしないことです。データ分析に正解なんてありません。正解はありませんが、どちらのほうが筋が通っている、どちらのほうがわかりやすい、といった相対的な善し悪しは、複数のアウトプットを比較することでわかります。

　私は授業や研修、ワークショップを通じて、同じ課題を個人別、グループ別で取り組み、その成果の違い、プロセスの違いを共有することで受講者のスキルアップを実現しています。

　でも、結果単体での善し悪しの評価や、それがどこまで「合っていたのか」といった発想は、一旦リセットしましょう。「どこかにある正解を当てに行く」のは学校の試験の話で、実社会や実課題とは別世界です。

自分で正解を考え、それを合理的に論じられる。

　これこそが機械ができないことであり、価値を生み出せるスキルそのものです。

　データ活用リテラシーとは、「そこにあるデータから何かを読み出す力」ではなく、この「自分で正解を考え、データを武器に合理的に論じられる力」そのものだと思います。

　その意味でも、「データ」はあくまでツールです。そのツールは論理思考というベースがあって、その上で初めて生きてきます。「データ」や「分析」単独では、何も起こらないのです。

　「答えを探しに行く作業者」に成り下がらないよう、是非、皆さんもこの力を磨いてください。

個人と組織のデータ活用力を
高めるために

～実現力：リテラシーを実現する力～

データに取り組む「環境」について 考えたことがありますか？

　本書を読まれた皆さんが実際に学校や大学、職場などで本書の内容を使って頂くこと、そして使ったからには、少しでも価値のある成果が出せること、が最終ゴールだと私は強く思っています。

　ここまでは、その最終ゴールに到達するための考え方やテクニックについて紹介してきました。では、これらの内容を 100% 理解したら、上記の最終ゴールに到達できるのでしょうか？

　もちろん、「理解」しただけではなく、アウトプットの質を上げるためにトライアンドエラーを繰り返しながら実践し、そのスキルを向上させることが必要です。それには時間も忍耐力もエネルギーも必要でしょう。

　では、その「理解」と「やる気」だけでゴールまでたどり着けるでしょうか？

　う〜ん、ちょっとまだ難しいかも……。これが私の正直な印象です。

　ではあと何が必要なのでしょうか？それは、

時間

です。いくら「必要なプロセス」や「あるべき論」を知っていたとしても、それを実現するには一定の時間が必要です。ここまで紹介してきた内容はいずれも、「このボタンを押せば」「この通りの手順でやってみれば」すぐに答えが出るようなものではありませんでした。

　自分なりの結論を導くためには、作業の前にアイデアを発想し、発想したものをじっくりと検証し、まとめ上げる過程が不可欠です。

　これがわかっていながらできない主な要因は、

時間を確保できない環境

にあります。

　普段の勉強や仕事が忙しく、それに取り組むだけで精一杯。それで一日が終わってしまう。

　このような環境にいる中で、「それではじっくりと目的や問題の定義を考えて、出てきた結果をよく吟味して必要であれば再度トライして……」なんてことが本当にできるでしょうか。

　きっと、現実的に無理でしょう。

　どうして無理なのか。その要因は、本人の問題（意識や覚悟、または時間を確保できるような効率的な働き方ができていないなど）であることもあれば、組織や周囲の人の無理解といった、外部の問題であることもあるでしょう。もしかしたら、両者ともに要因となっているかもしれません。

　それを解決せずに、「内容は理解したはずなので、あとは本人が頑張れば成果が出るはず」と期待するのは、あまりに現実離れしています。

　限られた時間の中で、最も楽で簡単にアウトプットを出す方法は一つです。目の前に既にあるデータを、グラフや表などで可視化して、そこから言えることをそれらしい結論にして表示して終わり、です。最後の結論をひねり出す（こじつける？）ところで多少の苦労があるかもしれませんが、これだと短時間で一丁上がり、です。とりあえずアウトプットの体裁を整えて、その場は乗り切れることでしょう。そしてその場を乗り切って喉元過ぎてしまえば、「次もこれでいいや、忙しいし」という悪循環に簡単に陥ります。

　これではいつまで経っても、どんなに素晴らしい知識やスキルを身につけても、どんなに素晴らしい講習やトレーニングを受けても、宝の持ち腐れです。この状態から脱しない限り、個人も組織も永遠に競争力などつきません。

うまくいっている個人や組織は
何が違うのか

　ここで、私自身の実務経験や年間50社以上のサポートをしている経験から言えることをまとめたいと思います。先に述べたような環境のハードルは確かに存在し、それを一気に全て解決できることはほとんどありません。それが現実です。しかし、着実に物事を進め、個人レベルでも組織レベルでも競争力を積み上げているところは、世の中に実際に存在します。

　そうした個人・組織には、どのような共通項が見られるのか、紹介しておきます。是非、最後までお読みになってください。

共通項1：先生や部門長、チームリーダーなどのリーダーシップ、コミットメントが確立している

　「あとは皆で頑張って。良いアウトプット持ってきて」という放任状態の空気がなく、自らがリーダーシップをとって、具体的な成果を求める傾向にあります。逆に、方法論さえ勉強すれば、きっと今より質の高いアウトプットを皆が出すようになるだろう、という期待だけを持っているケースは、ゴールへの到達が難しいです。

　「やらなくてはいけない」と「やらなくても特に問題ない」の意識の間には、圧倒的な差があります。皆さんの組織やチームでは、「データを活用すること」、「論理的に提案や問題解決すること」は、この二者のどちらに位置づけられているでしょうか。

　人は弱いもので、今すぐに「やらなくても特に問題ないこと」に対する優先度は、必然的に下がります。面倒なデータ活用の追加作業に比べたら、「目の前のとりあえずさばかなければいけない仕事」、「友達と遊ぶこと」、

「今夜飲みに行くこと」のほうが確実に優先されますよね。

　ではもし、その面倒で難しそうに感じられるデータ活用作業をやってもやらなくても咎められず、評価にも影響がない、つまり「やらなくても特に問題ない」ものだとしたら、一体誰がいつそれを始めるのでしょうか。類稀なるスーパーモチベーションを持ったメンバーが、いつか登場することに期待するのでしょうか？

　現実には、「データ活用は大事だ」と言いながら、実態は「やらなくても特に問題ない」状況が放置されているケースが多いことでしょう。しかし、制度や評価に「データ活用」を組み込み、業務システムとして「やらなくてはいけないこと」に本気で位置づけている組織は、現実に存在します。そうした組織は、「前に動いて」います。

◯◯−共通項2：目的が明確になっている

　本書の中で何度も繰り返したポイントです。何のためにデータを使うのか。それを使って何を実現したいのか、どんなアクションにつなげたいのか。前に動いている組織では、こういった明確で具体的なゴールや目的が示されており、現場で共有されています。それすら「自分で考えろ」という発想もありだと思いますが、それは、まずチームや組織としての目的が示された上で成果が出せるようになった、その次の段階の話です。

◯◯−共通項3：「考える」ことと「作業する」ことの違いと価値が理解されている

　とにかく「動いていること」や「作業していること」が仕事だという理解しかない環境では、考える前にグラフを作る作業を始めてしまいます。それが良しと理解されているからです。

　「考える」ことの重要性と、そのために必要な環境が理解されていれば、そのための時間や環境が検討され、準備できるはずです。学校で言えば、単

に先生の話を聞くだけの授業だけでなく、ワークショップで考えるための授業時間が確保されていることなどが挙げられます。職場では、普段の職場から離れるために、一定時間隔離された場所（オフサイトと言います）をあえて使って考えたり、ディスカッションしたりする場を設定します。

◯◯−共通項4：出てきたアウトプットを適切に評価できる人がいる

「私達は頑張ったけれど、先生や上司はそれを理解できない」、もしくは「関心がない」。これでは、「頑張って、より質の高いものを目指そう」というモチベーションは湧いてきませんよね。

アウトプットに対して、ある程度適正に評価し、フィードバックできる一定のスキルが上位者には求められます。しかし、実際にはこのような教育やトレーニングをしっかり受けている人は本当に限られているため、残念ながらそう簡単に実現できることではありません。実際には、これを実践しようとしても難しいケースのほうが圧倒的に多いはずです。

私は、この評価者やアドバイザーとして、高校や大学、企業や自治体をサポートしています。外部に依頼するのも、手段の一つです。

◯◯−データ活用リテラシーの高い人になるために

ここに挙げた共通項の環境ができ上がると、個人個人が「データを扱うための時間や、やる気」を確保しやすい条件が整います。

これらの共通項を全て、条件が完璧に揃うのを待っている必要はありません。ただし、できるだけ早くこうした環境に近づける努力を始めることは、個人や組織のスキルアップのスピードを速め、実現性を高めるために必要です。

先ほど外部環境のことを述べましたが、結局最後は本人の覚悟ややる気、本気度が全ての前提であることに変わりはありません。いくら環境が整っ

ても、それを活用する本人の意思がないと話になりませんし、本人のやる気次第で組織の環境を作らせる、整えさせることだってできるかもしれません。

　私の経験からも、データ活用リテラシーがある人は、この覚悟ややる気、本気度が違うのだ、ということが明確に言えます。

　さあ、皆さんも本書をきっかけに最初の一歩踏み出してみましょう。苦しいこともありますが、きっと面白いこと、興味深いこと、しかもそれを自分の手で探り当てる知的な興奮がそれ以上にあることに気づくと思います。

おわりに

　最後までお読み頂き、ありがとうございました。

　本書は、多くのデータ活用に関する私の活動の、ここまでの集大成とも言える自信作です。

　「データはあるのに活用できていない」という誰もが抱くお悩みの根源は、どんな方法論や知識を通じたアプローチを試しても結局は本書でお伝えしたポイントに戻ることを、私は何度も経験してきました。その本質にもう一度立ち返って、「データを活かすためには何が必要か」を徹底的に突き詰めた結果が本書なのです。

　「データを活用する」とは、「小手先」のテクニックで何とかできるものではありません。「正しい目的を設定し、目的に沿ったデータを使い、適切に示した結果を結論にまで導く」という本質的な流れの一つ一つを丁寧に押さえることが、価値ある成果を得るための必須条件であることを、本書を通じて感じて頂ければうれしく思います。

◖◗─さあ、「データ活用」というスキルアップのためのスタートを！

　本書で述べている内容は、決して専門家レベルの知識やテクニックを必要とするものではありません。社会人はもちろん学生であっても、今すぐスキル向上に取り組めるものです。

　ただし、多くの方の期待に反して、知識を覚えたりやり方を真似たりすれば、明日からでも十分な成果が得られるという内容の本ではありません。むしろ今の時代、そのような型通りの仕事は機械のほうがより優れていることは、本書の中で述べた通りです。

　どんなに機械が発達しようとも、本書の内容は人だからこそ能力を発揮

できる、価値あるスキルとなることは間違いありません。

　どのような年齢の人でもどのような職種の人でも、いつでもスキルアップのスタートは切れます。本書を読み終えた皆さんは、どうかそのスタートを切ってください。

　実際、これまで積極的にデータ活用をしてきたわけではない自治体の職員の方々も、本書で紹介したステップを一つ一つ踏んで考えることで、データ活用で成果を出せるようになります。多くのケースでは、最初の1日で本書に沿ったレクチャーを受けたあとに、ご自分の課題を扱ったワークショップを行います。例えば、「SNSなどを通じた地域の情報発信をもっと広めるためには」や「人口減の中でのデータに基づいた学校施設の見直し提案」、「子供向け施設の稼働率向上のためのヒントを探す」など、より身近で具体的なテーマを扱い、より成功率の高い、論理的な検討を進めることに、このワークショップが役立っています。

　これまでデータを活用しながらも納得がいく成果が得られなかった民間企業の方々でも、方法は同じです。「データを活用しなくてはならない」という重圧ばかりがのしかかり、目の前でグラフは増えていくものの前進できないまま立ち止まってしまっている……ということはないでしょうか？

　実際、多くの方がこの段階から抜け出せずに苦労します。つまり、最初の土台ができていないまま、作業だけが拡大してしまっている状況です。もしもこんな状況に陥ってしまったのなら、本書に戻って、「一体、自分は何をするために、何を知るべきか」を問い直してください。

　「データ活用」について、高校生向けの授業対応も増えています。高校生は自分自身のテーマや課題意識が薄いため、一般論や既成のグラフから「正解」を探そうとしてしまいます。日本のこれまでの（正解有りき、正解探しの）教育の悪い面が、データ活用においては致命傷となってしまうのです。

　しかし、本書で紹介している、これまでの学校の授業では全く経験しなかった頭の使い方や考え方を早いうちに知ることができれば、それは後々、生徒の皆さんの可能性を広げることにつながるでしょう。その意味でも、「データ活用」は素晴らしい、知識の詰め込みだけで終わらない、生きた取

り組みの一つだと確信しています。

　本書の内容が読者の皆様のキャリア形成や豊かな人生を切り開くための武器となり、スキルとなることを、著者として強く願っております。

◯◯ー立ち止まってしまったら是非思い出して欲しい、著者の真意

　最後に、ここまでお伝えしてきたことを、より短い文章で端的に私がSNSなどで発信してきたものをいくつかご紹介します。ここまで読み進めてくださった方には、その真意が十分伝わるものと思います。

- データ分析から得られる結果の、目的に対するシャープさは、データの量にも分析手法にも左右されない
- データ分析って、目の前にあるデータから何かしらのパターンを見つけることじゃない
- 「データから読み取った」だけの情報はインサイト（示唆）とは呼ばない。いくらすごいデータサイエンスを駆使しようとも
- 「データ分析の仕方」と「データ分析の活かし方」は全くの別物
- 目的が曖昧だと、うまくいくかどうかは運任せになる。そもそも、うまくいってるのかどうかすら評価できないはずだけど
- 「分析」も「データ」もあくまで手段・ツールであって、答えを提示してくれるものではない
- 「データ分析から成果を得る」とは「木材から家具を作る」に似ている。良い木材（データ）があり、釘の打ち方（分析手法や統計の知識）があっても、どんな家具をどう作るのか本人がわかっていないと家具は作れない

　本書のほとんどは、沖縄の金武町にある海が見えるコンドミニアムに籠って書き上げました。その自由を与えてくれた妻明子と、息子優基、娘朋佳にいつもながら「ありがとう」の言葉と共に、本書を贈ります。

柏木吉基

著者プロフィール

柏木 吉基（Yoshiki Kashiwagi）

データ&ストーリーLLC 代表
多摩大学大学院　ビジネススクール客員教授
横浜国立大学　非常勤講師

慶應義塾大学理工学部卒業後、日立製作所にて海外向けセールスエンジニア。
米国にてMBAを取得後、日産自動車へ。海外マーケティング&セールス部門、組織開発部ビジネス改革マネージャ等を歴任。グローバル組織の中で、数多くの経営課題の解決、社内変革プロジェクトのパイロットを務める。2014年、**データ分析・ロジカルシンキングを武器とした問題解決トレーナ**として独立。
豊富な実務経験と実績に基づいた実践的研修・コンサルができる唯一の講師として高い定評がある。
内閣府RESAS専門委員も務め、国、地方レベルでのデータ活用にも貢献。
これまでに世界約130ヵ国、東海道五十三次を踏破。バスケットボールコーチをする2児の父。
https://www.data-story.net

装丁　　　竹内雄二
装丁素材　iStock.com/mfto

問題解決ができる！ 武器としてのデータ活用術
高校生・大学生・ビジネスパーソンのためのサバイバルスキル

2019年10月15日　初　版　第1刷発行

著　　　者　　　柏木 吉基（かしわぎ よしき）
発　行　人　　　佐々木 幹夫
発　行　所　　　株式会社 翔泳社（https://www.shoeisha.co.jp）
印　　　刷　　　昭和情報プロセス株式会社
製　　　本　　　株式会社 国宝社

ISBN978-4-7981-6046-7　　　　　　　　　　　　Printed in Japan